나는 세상을 어떻게 보는가

아인슈타인의 세계관

나는 세상을 어떻게 보는가

알베르트 아인슈타인 지음
강승희 옮김

일러두기

1. 이 책은 『Mein Weltbild』(1934)을 발췌하여 영역한 『The world as I see it』을 완역한 것이다.

2. 각주는 모두 역자의 주석이다. 영역본의 해설 및 주석은 역자의 주석에 반영했다.

3. 원문의 라틴어는 어깨 첨자로 표기했다.

4. 외국 인명·지명은 '국립국어원 외래어 표기법'을 따랐다.

5. 단행본이나 정기간행물 등에는 겹낫표(『 』)를 사용했다.

평화는 힘에 의해 유지될 수 없다.

오직 이해로써 성취될 수 있다.

Peace cannot be kept by force.

It can only be achieved

by understanding.

오로지 개인만이 책임감을 지니고 있다

- 니체

이 책은 알베르트 아인슈타인이 쓴 기고문, 연설문, 성명서의 전집에 해당하는 것이 아니라 분명한 목적을 가지고 선별한 글들을 묶은 것이다.

그 목적은 한 인간의 초상을 그리는 것이다. 오늘날 이 인물은 자신의 의도와는 상관없이 정치적 격정과 현대사의 소용돌이 속으로 끌려 들어왔다. 그 결과, 아인슈타인은 수많은 역사의 위인들이 그랬듯, 그의 성격과 견해가 완전히 왜곡된 형태로 나타나는 운명에 처했다. 이런 운명을 피해 보려는 것이 이책을 발간하는 진정한 목적이다. 아인슈타인의 지인을 비롯한일부 사람들이 거듭 밝혀 온 소망이기도 하다.

이 책에는 1922년 기고문 '과학의 국제성', 1930년 '어느 아랍인에게 보내는 편지' 등 여러 시기에 발표한 다양한 분야의 글이 담겨 있다. 그의 인격만큼이나 모든 발언이 일관된 논조를 유지하고 있다. 알베르트 아인슈타인은 인류애, 서로 돕는 평화로운 세상, 과학의 고귀한 임무에 대한 신념을 가지고 있었다. 이 책은 그의 신념을 대변하는 호소문이다. 그의 정신과 사상을 다시 한 번 들여다볼 필요가 있는 시기에 우리가 살고 있기 때문이다.

J. H

요약판 서문

H. 고든 가비디언은 아인슈타인 전기에서 한 가지 일화를 들려주고 있다. 미국인 신문기자가 이 위대한 물리학자에게 상대성 이론을 한 문장으로 정의해 달라고 요청했다. 상대성 이론을 짧게라도 정의하려면 사흘은 걸릴 거라고 아인슈타인은 대답했다. 당연히 이런 말도 덧붙였다. 질문자가 수학과 물리에 훤하지 않으면 이해도 못할 거라고.

대부분의 사람들에게 아인슈타인의 이론은 완전히 수수께끼다. 아인슈타인을 향한 대중의 태도는 마크 트웨인이 수학 관련서의 저자를 대하는 태도와 같다. 말하자면, 단 한 줄도 이해할 수 없는 책을 쓴 사람에게 느끼는 감정 같은 것이다. 아인슈타인이 위대해 보이는 것은, 그의 혁명적 발견을 대중의 언어로는 도저히 옮길 수 없기 때문이기도 하다. 범인의 경지를 훌쩍 넘어선 사고의 소유자에게 우리는 경외의 감정을 느낀다. 그의 추론을 이해하고 결론을 검증할 능력이 있는 소수만이 그의 업적이 지닌 가치를 평가할 수 있을 것이다.

그러나 그의 인격에는 또 다른 측면이 있다. 이 책에 모아 놓은 연설문과 편지, 그리고 간간이 발표한 글이 조각조각 모여 모자이크처럼 인간 아인슈타인의 초상을 이룬다. 진보, 교육, 평화, 전쟁, 해방, 그 외의 보편적 관심사에 대해 그의 시각을 보여 주는 각각의 글들은 그 자체로 완결성을 지니고 있기도 하다. 모두 읽고 나면, 우리가 이해할 수 있는 언어로 전해지는 아인슈타인이 우리가 무턱대고 신뢰를 보내던 인물만큼이나 위대하다는 걸 깨닫게 된다.

아인슈타인은 우주의 구조를 탐구할 수 있는 자유 외에 자신의 삶에서 어떤 것도 요구하지 않았다. 드물게 소박하고 진실한 성품을 지닌 사람이어서 야심가라면 누구나 소중히 여기는 부, 명성, 상 같은 것에 철저히 무관심했다. 그러나 그는 주변 세계의 슬픔과 혼란에 귀를 막고 살아가는 은둔자는 아니었다. 어린 시절부터 가난에 익숙했고, 스스로가 인류 최악의 비인도적 범죄를 겪은 사람인지라, 약하고 억압받는 사람을 위해 자신을 아끼지 않았다. 예민하고 내성적인 그의 성격을 생각하면, 화려한 연단에 선다거나 공개 논쟁의 열기에 휩쓸리는 것만큼 내키지 않는 일도 없었을 것이다. 그러나 그는 자신의 목소리나 영향력이 잘못을 바로잡는 데 도움이 된다고 느끼면 결코 주저하지 않았다. 역사적으로 이처럼 내성적인 수학 천재가 인간의 권리를 옹호하는 일에 끊임없는 열정으로 노력했던 사례는 찾아보기 힘들다.

아인슈타인은 1897년 독일 남부 울름에서 태어났다. 전기·화학 공장을 소유하고 있던 그의 아버지는 그가 네 살이 되던 해 뮌헨으로 거처를 옮긴다. 2년 후 김나지움에 입학하면서 그는 거의 군대 같은 엄격한 교육 환경에 노출되었고, 수줍고 생각 많은 이 유대 소년은 로마 가톨릭 신자들에 둘러싸여 소외감을 느꼈다. 이 경험은 지워지지 않는 깊은 인상을 그에게 남겼다.

교사들 눈에 그는 부족한 학생이었다. 언어, 역사, 지리 등 주요 과목에 대한 학습 능력이 없어 보였다. 수학에 흥미를 느끼게 해준 사람은 교사가 아니라 유대계 의대생 막스 탈미였다. 그가 기하학 책을 선물한 것이 계기가 되어 아인슈타인은 공부에 집중하게 되었다. 그 결과 아인슈타인은 14세에 스승보다 훌륭한 수학자가 되어 있었다. 이 시기에 그는 철학 공부도 시작해 칸트를 비롯한 순수 철학자의 저서를 읽고 또 읽었다.

아버지의 사업이 파산하면서 아인슈타인은 밀라노에서 새 삶을 시작하게 되었다. 독일에서보다 밝고 자유로운 그곳 생활은 그에게 기쁨을 안겨 주었다. 그러나 휴가와 같은 생활은 짧게 끝나고 진로를 위한 준비가 시작되었다. 뮌헨 김나지움의 교사가 발행해 준 수학 자격증을 가지고 취리히 공과대학에 지원하기 위해 수학 외의 여러 과목을 공부하면서 1년을 보냈다. 입학에 성공한 젊은 아인슈타인은 과학과 철학에 심취하여 눈부신 성장을 보였다. 5년 내내 그는 뛰어난 학생이었다. 교수들의 칭찬에 고무된 그는 졸업 후 조교수가 되고 싶어 했지만 실현되지 않았다.

이후 직업을 구하며 힘든 시기를 보냈다. 짧은 교사생활 후, 베른에 있는 특허사무소 시험관으로 안정적인 직업을 갖게 되었다. 단조로운 일이었지만 그에게는 두 가지 측면에서 안성맞춤이었다. 웬만큼 수입이 생겼고, 수학 연구에 집중할 수 있는 시간도 생겼다. 이 시기에 상대성 이론이 구체화되기 시작했다. 1905년 상대성 이론에 관한 첫 논문이 스위스 과학 저널

『Annalen der Physik』에 실렸다. 천재가 특허사무소 직원으로 살고 있다는 사실을 알게 된 취리히 시에서는 그를 대학 강사로 초빙했고, 4년 후인 1909년에는 교수로 임명했다.

1911년에는 프라하 대학에 임용되어 18개월을 거기서 보냈다. 그 후 취리히에 잠깐 돌아왔다가 1914년 초 프로이센 과학 아카데미 교수 겸 카이저 빌헬름 이론물리 연구소 이사 자격으로 베를린에 가게 된다. 1차대전은 아인슈타인에게 시련의 시기였다. 열렬한 평화주의자라는 사실을 숨길 생각이 없었던 그는 연구에서 위안을 찾았다. 이후에 벌어진 일들은 그를 대중 앞에 서게 만들었고, 그는 평화주의뿐만 아니라 군비 축소와 유대인의 대의를 외치며 세계 곳곳을 돌아다녀야 했다. 그런 견해를 가진 사람에게 나치 치하의 독일은 상상할 수 없는 것이었다. 1933년 그는 유명한 선언을 한다. "선택할 수만 있다면, 나는 모든 시민의 정치적 자유, 관용, 평등이 법으로 보장되는 나라에서, 오로지 그곳에서만 살겠다." 한때 그는 의지할 곳 없는 망명객으로 지내다가 스페인, 프랑스, 영국 등에서 제안을 받은 후 결국 수학 및 이론물리 교수로 프린스턴에 정착했다. 자유로운 분위기에서 행복한 연구생활을 했지만 전쟁의 비극과 탄압은 그를 떠나지 않고 괴롭혔다.

『나는 세상을 어떻게 보는가』의 원본에는 상대성 이론 및 유사 주제에 관한 에세이가 포함되어 있다. 그러나 위에서 밝힌 이유 때문에 그 에세이들은 이번 판본에서 제외하였다. 이 책의 목적은, 우리 시대 가장 뛰어난 인물의 인간적인 면모를 일반 독자에게 제시하는 것이기 때문이다.

차례

제1장 나는 세상을 어떻게 보는가

제2장 정치와 평화주의

제3장 1933년 독일

제4장 유대인

제 1 장

나는 세상을 어떻게 보는가

생명의 영원성이라는 신비,

그리고 실재하는 세계의 놀라운 구조에 대한 어렴풋한 이해,

자연에 드러나 있는 이치의 한 부분이라도 이해하려는 혼신의 노력,

그것으로 내게는 충분하다.

생명의 의미

인간, 혹은 모든 유기체의 생명의 의미는 무엇인가? 이 질문에 간단하게라도 답하려면 종교를 얘기할 수밖에 없다. 여러분은 물을 것이다. 그런데 그런 얘기가 무슨 의미가 있나? 자신의 생명과 뭇 피조물의 생명을 의미 없다고 생각하는 사람은 단지 불행하기만 한 게 아니라 생명을 누릴 자격도 없다는 것이 나의 대답이다.

나는 세상을 어떻게 보는가*

죽음을 피할 수 없는 우리 인간의 처지는 얼마나 기이한가?

우리들 각자는 목적이 무엇인지도 모른 채 이곳에 잠시 머물 뿐이다. 목적을 알 것 같은 느낌이 가끔 들기도 한다. 그러나 심각하게 생각할 것 없이, 그저 일상의 관점에서 보면 우리는 이웃을 위해 존재한다. 무엇보다 그 미소와 안녕에 우리의 행복이 오롯이 달려 있는 사람들을 위해, 그리고 친분은 없지만 공감이라는 끈으로 서로 얽혀 있는 미지의 타인을 위해. 나는 하루에도 수백 번씩, 나의 온 삶이 산 자든 죽은 자든 상관없이 타인의 노동에 의지하고 있다는 사실을 떠올린다. 그리

---

*아인슈타인의 둘째아들인 에두아르트가 신경쇠약에 걸린 후, 아인슈타인은 인생관을 글로 피력해 달라는 요청을 받았다. 이 글에서 그는 늘 주장했던 인간적인 인연에 대한 초연함을 부정했다. 말년에 에두아르트에게 무심한 점을 지적받자, 아인슈타인은 "둘째를 생각하면 번뇌에서 벗어날 수 없을 것 같다"고 변명했다.

고 내가 받은 만큼을 돌려주기 위해 최선을 다해야 한다는 사실도 기억한다.

나는 소박한 삶에 강렬히 끌린다. 그런데 내가 이웃의 노고를 필요 이상으로 빼앗고 있는 건 아닌가 하는 생각으로 자주 마음이 무겁다. 계급 차별은 정의에 반하는 것이며, 결국 폭력에 기반한 것이라고 생각한다. 소박한 삶이 모든 이의 몸과 마음에도 이롭다고 생각한다.

철학적 의미의 자유의지를 나는 결코 믿지 않는다. 인간은 누구나 외부의 강요와 내면의 필요에 따라 행동한다. 쇼펜하우어*는 "인간은 욕망에 따라 행동할 수 있지만 욕망을 의지로 결정할 수는 없다"라고 했다. 그의 말은 어린 시절부터 줄곧 내게 영감을 주었다. 끊임없는 위안이었고, 삶의 고통에 맞설 인내심을 주는 마르지 않는 샘이기도 했다. 자유의지에 대해 이런 생각을 가지면 가위 누르는 듯한 책임감이 덜어지고, 자신과 타인에 대해서 지나치게 심각해지지 않을 수 있다. 무엇보다 유머를 사랑하는 인생관을 가지게 된다.

---

* 철학자 쇼펜하우어와 달리 아인슈타인은 결코 염세주의자가 아니었지만, 그의 철학 저술을 즐겨 읽었다. 아인슈타인은 이미 13세에 이마누엘 칸트의 철학서를 혼자 독파한 바 있다.

자기 자신의, 또는 우주만물의 존재 의미와 목적을 탐구하는 것이 객관적으로 보자면 참 부조리한 일이라고 항상 생각했다. 그럼에도 사람들은 어떤 이상을 좇아 자신의 노력과 판단의 방향을 결정한다. 그런 의미에서 나는 결코 안락함과 행복, 그 자체를 목적으로 삼은 적이 없다. 그런 것들은 돼지에게나 어울릴 것이다. 내 삶에 빛이 되고, 힘들 때면 기꺼이 삶을 직면하도록 용기를 준 이상은 진선미였다. 예술이나 과학 연구에 종사하는 이들은 영원히 도달할 수 없는 목표에 사로잡혀 있다. 이러한 동료들과 나는 유대가 없었다면 삶은 내게 공허했을 것이다. 사람들은 재산, 외형상의 성공, 사치 따위를 이루고자 애쓰지만, 이러한 평범한 목표를 나는 늘 경멸했다.

　사회적인 정의감과 책임의식이 강렬하면서도 다른 사람이나 공동체와 직접 접촉할 필요를 전혀 느끼지 못하는 나의 태도는 항상 묘하게 대비되는 것이었다. 나는 나만의 길을 걸었으며, 조국이나 집, 친구, 또는 나의 가족에게조차 진심으로 속한 적이 없다. 이 모든 구속에 대해 언제나 거리감을 느꼈고 고독을 향한 욕구 또한 끈질기게 나와 함께했다. 이런 느낌은 해가 갈수록 더해 갔다. 어떤 사람은 타인과 서로 이해하고 공감하는 데 한계가 있음을 분명하게 인식하고 있으며 그 사실에 낙담하지도 않는다. 그런 사람은 상냥함이라든가 낙천성 같은 것을 잃을 수밖에 없지만 한편으로는 여론이나 관습, 주변의 판단으로부터 대체로 자유로우며, 그런 불안정한 근거에 의지해 자신의 태도를 정해 버리고 싶은 유혹을 피할 수 있다.

민주주의는 나의 정치적 이상이다. 모든 사람이 하나의 개인으로 존중받아야 하며 어느 누구도 우상화해서는 안 된다. 그런데 운명의 장난처럼 나 자신이 지나친 선망과 존경의 대상이 되었다. 내게 그럴 만한 가치가 있는 것도 아니고, 그렇게 된 것이 내 책임이랄 수도 없는 일이다. 능력은 미약하나마 끊임없이 노력한 덕분에 내가 한두 가지 개념을 이끌어 냈고, 이는 대부분의 사람들에게 불가능한 일이어서 그 개념을 이해하고 싶은 욕망이 사람들에게 있기 때문이리라 짐작할 뿐이다. 복잡한 임무를 성공시키려면 한 사람의 생각과 감독을 따라야 하고, 그 한 사람이 책임도 져야 한다는 걸 나는 잘 알고 있다.

그러나 사람들에게 강요할 게 아니라, 그들이 지도자를 선택하도록 해야 한다. 강압으로 돌아가는 전제적 시스템은 금방 퇴행하고 만다는 것이 내 생각이다. 폭력은 언제나 저열한 도덕성을 가진 사람에게 매력적인 것이다. 천재적인 독재자의 뒤를 잇는 이는 결국 악당이다. 그것이 불변의 법칙이라고 나는 확신한다. 이런 까닭에 나는 오늘날 이탈리아와 러시아를 지배하는 체제에 강력하게 반대해 왔다. 민주주의가 유럽에서 신뢰를 잃게 된 이유가 민주적 개념 자체에 있다고 볼 수는 없다. 오히려 정부 지도자들의 직무 안정성 결여와 비인간적인 선거제도에 그 책임이 있다.

그러고 보면 미국이 올바른 길을 찾았다고 생각한다. 미국은 선출된 대통령에게 충분한 재임기간과 권력을 보장함으로써 실제 책임정치가 가능하도록 하고 있다. 반면, 내가 독일의 정치체제에서 가치를 두는 것은 개인의 질병과 가난에 대해 보다 광범위한 지원을 제공한다는 점이다.

인간의 삶에 진정으로 가치 있는 것은 국가가 아니라 창의적이고 지각 있는 개인, 즉 개성을 가진 인간이라고 생각한다. 고귀함과 숭고함을 창조하는 일은 개인의 몫이다. 소위 군중은 사고도 감정도 둔할 뿐이다.

이런 이야기를 하다 보니 군중의 본성을 드러내는 최악의 사례인 군대*가 생각난다. 나는 군사제도를 혐오한다. 군악대의 선율에 따라 열을 맞춰 행군하는 데서 즐거움을 느끼는 사람을 나는 경멸한다. 그런 사람에게 커다란 뇌가 주어진 것은 실수다. 그에게는 오로지 등뼈만 있으면 될 일이다. 역병과도 같은 이런 문명의 악습은 가능한 한 서둘러 폐지해야 한다.

명령에 따른 영웅주의, 무의미한 폭력, 애국이라는 이름으로 자행되는 온갖 터무니없는 악행들을 내가 얼마나 증오하는지! 내게 전쟁은 천박하고 경멸스러운 행위다. 그런 끔찍한 일에 가담하느니 차라리 내 몸이 조각조각 난도질당하는 편을 택하겠다. 그럼에도 불구하고 나는 인류를 높이 평가한다. 상업과 정치의 이익을 대변하는 학교와 언론 때문에 건전한 국가의식이 조직적으로 부패하지만 않았어도 이런 악습은 오래전에 사라졌을 거라고 생각한다.

신비는 우리의 경험이 허락하는 가장 아름다운 감정이다. 이는 진정한 예술과 진정한 과학이 잉태되는 자리에 있는 근본 감정이다. 그런 감정을 알지 못해 더 이상 불가사의나 경이

---

*아인슈타인은 어렸을 때 군인들이 행진하는 모습만 봐도 울음을 터뜨릴 정도로 군대에는 알레르기 반응을 보였다.

로움을 느끼지 못하는 사람은 죽은 사람이나 마찬가지이며 불 꺼진 촛불과 같다. 때로 우리를 두려움에 떨게도 하지만 신비를 체험하면서 종교는 태어났다. 우리가 꿰뚫어 볼 수 없는 무언가가 존재한다는 생각, 그리고 가장 단순한 형태로 나타나는 심오한 이치와 눈부신 아름다움에 대한 인식, 바로 이런 인식과 감정이 참으로 종교적인 태도이다. 이런 의미에서만, 나는 매우 종교적인 사람이다.

나는 자신의 피조물에게 상을 주거나 벌을 내리는 신을, 혹은 우리에게 익숙한 형태의 의지를 가진 신을 상상할 수 없다. 육신의 죽음을 이겨 낼 수 있는 사람을 나는 알지 못하며 알고 싶지도 않다. 그런 생각은 공포와 어리석은 이기주의에 사로잡힌 연약한 영혼을 위한 것이다. 생명의 영원성이라는 신비, 그리고 실재하는 세계의 놀라운 구조에 대한 어렴풋한 이해, 자연에 드러나 있는 이치의 한 부분이라도 이해하려는 혼신의 노력, 그것으로 내게는 충분하다.

- 1931년 포럼(Forum) 시리즈 『생활철학』

제84권 『포럼과 세기』에 기고한 글

견해의 자유 - 굼벨* 사건에 관하여

학계에 많은 사람들이 있지만, 현명하고 고결한 스승은 거의 없다. 강의실은 넓고도 많지만, 진리와 정의를 진정으로 갈구하는 젊은이는 적다. 자연은 그 넉넉한 손길로 평범한 것들을 여기저기 흩뿌려 놓았지만, 진정으로 공들인 것은 아주 드물게 내놓는다.

다 아는 사실인데 불평한들 무슨 소용인가? 이전에도 늘 그랬고 앞으로도 변함없이 않겠는가? 물론, 우리는 자연이 주는 것을 있는 그대로 받아들일 수밖에 없다.

그러나 특정 세대가 공유하는 정신적 태도인 '시대정신'이라는 것이 있다. 이것은 개인에서 개인으로 전달되면서 하나의

---

* Emil Julius Gumbel(1891~1966). 독일 하이델베르크 대학의 수학 교수였던 굼벨은, 나치와 극우 세력의 정치적 암살 행위 다수를 조사하여 책으로 출간했다. 이후 1932년 나치에 의해 대학에서 축출되어 프랑스를 거쳐 미국으로 망명했다.

The World as I See It

사회에 특정한 색채를 부여한다. 우리 각자는 이 시대정신을 변화시키는 데 조금이나마 제몫을 다해야 한다.

100년 전 우리 대학의 젊은이들에게 생기를 불어넣던 정신과 현재 만연해 있는 정신을 비교해 보라. 과거의 젊은이들은 사회가 향상할 거라는 신념을 가지고 있었으며, 정직한 의견을 존중했고, 수많은 고전에 담긴 관용의 정신을 믿었다. 그 시절의 사람들은 더 큰 정치적 통합을 이루기 위해 노력했으며, 통합 의결과 독일이라는 이름을 얻었다. 이러한 이상을 지켜낸 이들은 바로 대학의 학생과 교수들이었다.

지금도 사회의 진보, 관용과 사상의 자유, 유럽이라는 이름의 더 큰 정치적 통합을 향한 의지는 여전하다. 그러나 지금 대학에서는 국가의 희망과 이상을 소중히 품은 교수나 학생을 찾아볼 수가 없다. 우리의 시대를 냉정하고 공정하게 바라본다면 인정할 수밖에 없는 사실이다.

오늘 우리는 스스로를 찬찬히 돌아보고 정리하기 위해 여기에 모였다. 모임의 표면상 이유는 굼벨 사건이다. 이 정의의 사도는 아직 속죄를 다하지 못한 정치 범죄에 대해 성실성과 용기를 가지고 공정하게 기술하였으며, 그의 저작들은 사회에 소중한 역할을 했다. 이런 사람을 그가 몸담고 있는 대학의 학생과 직원들이 축출하려 안간힘을 쓰고 있는 것이다.

정치적 열정을 이유로 그런 행위까지 허용해서는 안 된다. 열린 마음으로 굼벨의 저작을 읽은 사람이라면 누구나 내가 그의 책에서 받은 것과 똑같은 느낌을 가지리라 확신한다. 건강한 정치사회를 조성하려는 의지가 우리에게 있다면 굼벨 같은 사람이 반드시 필요하다.

남들 얘기를 들을 것이 아니라 직접 읽어 보고 나서 자기 나름의 판단을 내려야 한다.

그렇게만 된다면, 비록 볼썽사납게 시작된 굼벨 사건이지만 배울 점이 있을 것이다.

인간의 진정한 가치

인간의 진정한 가치를 결정하는 것은, 그가 자아로부터 해방 시켜 주는 통찰을 지녔는가, 그 해방감은 어느 정도인가 하는 데 있다.

선과 악

'인류와 인류의 삶을 향상시키는 데 가장 큰 기여를 한 사람이 가장 사랑받아야 한다'는 것은 원칙적으로는 옳은 말이다. 그러나 그게 누구냐는 답을 찾기는 상당히 어렵다.

정치 지도자뿐만 아니라 종교 지도자들조차 과연 그들이 좋은 영향을 끼쳤는지 아니면 피해를 주었는지 판단하기가 힘들다. 그래서 나는 뭔가 발전을 꾀할 만한 할 일을 줌으로써 간접적으로 향상의 기회를 주는 것이 사람들을 위한 최선의 봉사라고 생각한다.

이는 대체로 위대한 예술가가 할 일이지만, 과학자에게도 어느 정도 해당된다. 분명히 말하지만, 한 인간을 향상시키고 그의 본성을 고양시키는 것은 과학 연구의 결과물 자체가 아니라, 그것을 이해하고자 하는 의지이다. 수동적 이해든 창조적 재해석이든 상관없다.

탈무드의 가치를 내용 자체로만 판단하는 것은 터무니없는 일인 것이다.

사회와 개인

우리의 삶과 노력들을 곰곰이 살펴보면, 모든 행동과 욕망이 다른 인간의 존재와 밀접하게 연결되어 있음을 금방 깨닫게 된다. 우리의 본성은 사회적 동물의 특징을 닮았다. 우리는 다른 이들이 키운 음식을 먹고, 다른 사람이 만든 옷을 입으며, 다른 사람이 지은 집에서 산다. 대부분의 지식과 생각은 누군가가 창조한 언어라는 매개체를 통해 다른 사람들로부터 전달받았다. 언어가 없다면 우리의 정신 능력은 고등동물 정도로 보잘것없을 것이다.

우리가 인간 사회 속에서 살고 있다는 사실 자체가 야수가 가지지 못한 중요한 이점임을 인정해야 한다. 태어나면서부터 홀로 남겨진다면, 인간은 사고와 감정이 상상할 수 없을 정도로 원시적이고 야수 같은 상태에 머무를 것이다.

개인은 나름의 개체이며 저마다의 가치를 지닌다. 다만, 개체로서의 특성 때문이 아니라 위대한 인간 사회의 일원으로서 가치를 지닌다. 이 점이 바로 요람에서 무덤까지 한 인간의 물적, 영적 존재를 이끄는 힘인 것이다.

공동체에서 한 사람이 지니는 가치는 무엇보다 그의 감정, 사고, 행동이 얼마나 이웃에 도움이 되느냐에 달려 있다. 이 기준에 따라 선하다거나 악하다는 평가를 내리게 된다. 얼핏 보면, 오로지 사회적 자질로만 한 인간을 평가하는 듯하다.

그런데 그런 태도는 잘못된 것일 수 있다. 물질이나 정신 그리고 도덕에 걸쳐, 우리가 사회로부터 얻는 모든 가치의 근원을 찾아 무수한 세대를 거슬러 오르면, 창조적인 한 개인에 이를 것이 분명하다. 불의 사용, 식용 작물의 재배, 증기기관 등은 한 개인이 발견한 것이다.

오직 개인만이 사고할 수 있고, 그 결과 사회에 새로운 가치를 창출할 수 있다. 아니, 그 정도에서 그치는 게 아니라, 공동체 전체가 함께할 새로운 도덕규범을 세우기도 한다. 공동체의 자양분 없이 개인의 인격 성장을 기대할 수 없는 것처럼, 창조적이면서 독립적인 사고와 판단력을 가진 개인이 없다면 사회의 진보는 불가능하다.

따라서 사회의 건강을 위해서는 사회 구성원 간의 긴밀한 정치적 결합만큼이나 개인의 독립이 중요하다. 하나의 문화로서 그리스-유럽-미국 문화, 특히나 중세 유럽의 정체 상태를 종식시키며 화려하게 피어난 이탈리아의 르네상스 문화가 개인의 해방과 상대적 고립에서 태어났다는 말은 정확하다.

이제 우리가 살고 있는 시대에 대해 생각해 보자.

사회는, 개인은, 어디로 가고 있는가?

문명국가의 인구 밀도는 과거에 비할 수 없이 높아졌다. 오늘날 유럽의 인구는 100년 전에 비해 세 배나 많아졌다. 그러나 위대한 인간의 숫자는 현저히 줄어들었다. 겨우 몇몇 사람만이 창의적인 업적을 이룬 특별한 인물로 대중에게 기억되고 있다. 위대한 개인의 자리를 조직이 대신하고 있다. 이는 기술 분야에서 특히 두드러지지만, 과학 분야 전반에 걸쳐 감지되는 현상이기도 하다.

뛰어난 인물이 부족한 현상은 예술의 영역에서 특히 심각하다. 미술과 음악은 확실히 퇴행했으며, 대중에게 매력도 잃었다. 정치 영역에 지도자가 부족할 뿐만 아니라, 시민의 정신적 독립성과 정의감도 확연히 줄어들었다.

시민의 독립성을 근간으로 하는 민주의회 체제가 곳곳에서 흔들리고, 독재정권이 나타나도 사람들은 이를 용인하고 있다. 개인의 존엄성과 인권에 대한 감각이 약해졌기 때문이다. 2주 정도만 신문을 이용해 선동하면, 양떼 같은 군중을 분노로 들끓게 할 수 있다. 그래서 몇 안 되는 이익 집단의 무의미한 목적을 위해 기꺼이 군복을 입고 서로 죽고 죽이도록 만들 수 있다.

징병제도는 개인 존엄의 결핍을 보여주는 가장 수치스러운 증상이라고 나는 생각한다. 이 때문에 문명 세계의 인류가 오늘날 고통을 받고 있는 것이다. 우리 문명의 몰락이 머지않았다고 예언하는 선지자가 넘쳐나는 것은 어찌 보면 당연하다. 나는 비관주의자는 아니다. 더 좋은 시절이 오고 있다고 믿는다. 내가 그런 확신을 가지게 된 데에는 몇 가지 이유가 있다.

산업과 기계의 발달로 인해 생존투쟁은 훨씬 치열해졌고, 그 결과 개인의 자유로운 발전마저 심각하게 침해당하고 있다. 이것으로 현재 나타나는 여러 타락의 징후를 설명할 수 있다.

그러나 기계의 발달은 공동체의 요구를 충족시키기 위해 개인이 부담할 노동이 줄어든다는 걸 의미하기도 한다. 잘 짜인 노동의 분배가 더욱 절실해지는 시점이다.

적절한 분배가 있어야 개인이 물질적 안전을 보장받을 수 있다. 거기에 자신을 위해 쓸 수 있는 여가와 여력이 더해지면 자아 발전도 가능해진다. 그렇게 공동체는 다시 건강해질 것이고, 현재 사회가 안고 있는 병적인 징후들은 큰 꿈을 품고 날아오르던 인류의 성장통이었다고, 너무나 빠른 속도로 진행되는 문명화에 따른 진통이었다고 미래의 역사가들이 기술하는 날이 오리라는 희망도 생길 것이다.

국제 협력을 위한 H. A. 로렌츠*의 작업

    19세기 이후 과학 연구에서 전문화 현상이 광범위하게 나타나, 하나의 학문 분야에서 지도자 위치에 있는 사람이 동시에 국제 조직이나 국제 정치에서도 중요한 일을 하는 경우가 아주 드물어졌다. 그런 일을 하려면 에너지, 통찰력, 견실한 업적에 따르는 명성도 있어야 하지만, 국적에 따른 편견으로부터의 자유와 공동의 목표를 향한 헌신이 요구되는데, 이는 우리 시대에 희귀해진 자질이기 때문이다.

    이 모든 자질을 로렌츠만큼 완벽하게 갖추고 있는 사람을 나는 본 적이 없다. 그의 인격이 만들어 내는 효과는 놀라웠다.

---

* Hendrik Lorentz(1853~1928). 아인슈타인이 우상시했던 네덜란드의 물리학자. 아인슈타인의 상대성 이론의 선구로서 '로렌츠 단축', '로렌츠 변환식'을 제시했다. 1902년 노벨 물리학상을 수상했다. 아인슈타인은 세상을 뜨기 2년 전인 1953년에 "개인적으로 로렌츠는 내가 평생 만난 그 어떤 사람보다도 더 큰 의미를 지닌 사람이었다"고 회고했다.

독립적이고 고집스러운 성격의 소유자(이런 유형은 학자들 사이에 흔하다)는 다른 사람의 의지에 쉽게 꺾이지 않는다. 누군가의 지휘를 받아들일 때도 마지못한 태도를 보인다. 그런데 로렌츠가 의장석에 앉으면, 늘 행복하게 협력하는 분위기가 조성된다. 참석자마다 목적이 서로 다르고 사고방식이 달라도 예외가 없다. 이렇게 성공적인 분위기를 만드는 비결은, 사람이든 뭐든 재빨리 이해하는 능력과 놀라운 그의 언어 능력에 있다. 게다가 사람들은 그가 맡은 일에 온 마음을 다하기 때문에 다른 생각이 끼어들 여지가 없다는 것을 느낀다. 이런 점이 고집불통의 학자들을 무장 해제시키는 것이다.

전쟁 전에는 국제관계를 위한 로렌츠의 활동이 물리학자 회의에서 의장을 맡는 정도로 한정되어 있었다. 이중에 주목할 만한 것은 솔베이 회의다. 처음 두 차례의 회의가 1909년과 1912년 브뤼셀에서 열렸다. 그 후 유럽 전쟁*이 발발하면서 과학자들 간의 관계 개선을 간절히 바라던 이들에게 엄청난 충격을 주었다. 전쟁이 끝나기 전에도, 끝난 후에도, 로렌츠는 화

---

* 1914년 7월 28일 발발해 1918년 11월 11일까지 이어진 제1차 세계대전. 제2차 세계대전 이전까지 세계대전(World War) 또는 대전(Great war), 유럽 전쟁(European War)이라고 일컬었다.

해를 위해 헌신했다. 그의 노력은 특히나 학자와 과학 단체 사이에서 유익하고 친밀한 협력 관계를 재건하는 데 집중되어 있었다. 이것이 얼마나 힘든 일인지 외부인은 짐작조차 할 수 없을 것이다. 전쟁 기간에 쌓인 원한이 채 사그라들지 않았고, 다수의 영향력 있는 사람들은 주변 환경에 떠밀려 타협 불가의 태도를 고집하고 있었다. 이런 상황에서 로렌츠의 노력은, 도움을 주고자 세심하게 처방한 약을 거부하는 고집불통 환자를 다루는 의사의 노력과도 같은 것이었다.

그러나 로렌츠는 일단 자신이 옳은 일을 하고 있다는 확신이 들면 단념을 모르는 사람이었다. 전쟁이 끝나자 그는 '연구협의회'의 이사회에 합류했다. 이 회의는 승전국 학자들이 설립한 것으로, 동맹국의 학자와 학회를 배제한 단체였다. 그의 이런 행보에 대해 동맹국 학계는 강력하게 반발했지만, 그의 목적은 분명했다. 이 단체가 진정한 국제 모임으로 확장되는 데 자신의 영향력을 행사하고자 했던 것이다. 정의로운 사람들이 그와 힘을 합해 끈질기게 노력한 덕분에 눈엣가시였던 배제 조항을 규정에서 삭제하는 데 성공했다.

그러나 학회들 간에 정상적이고 유익한 협력 관계를 회복하려는 목적은 아직 이루어지지 않았다. 10년 가까이 실제로 모든 국제 모임에서 따돌림을 당한 동맹국 학계가 울분에 찬 나머지 습관처럼 스스로를 고립시키고 있기 때문이다. 그렇지만 이 냉랭한 상태가 곧 풀리리라고 희망할 만한 단초는 마련되었다. 이는 대의를 좇는 순수한 열정으로 목적에 부합하는 노력을 기울인 로렌츠 덕분이다.

로렌츠는 또한 국제적인 문화사업에도 공을 들였다. 베르그송을 의장으로 5년여 전에 설립된 국제연맹 지식인협력위원회에 동참한 것이다. 말년에 그가 의장을 맡기도 한 이 위원회의 설립 목적은, 산하 단체인 파리협회의 활발한 지원에 기대 다양한 문화 환경 속에서 지성계와 예술계를 아우르는 매개자가 되는 것이었다. 이 지적이고 인간미 넘치며 겸손한 인물이 주는 선한 영향력이 사람들을 바른 길로 인도할 것이다.

말이 아니라 행동으로 그가 우리에게 던진 충고는 "지배하려 하지 말고 봉사하라"는 것이다. 그가 몸소 보여준 대로 봉사의 정신이 널리 퍼져 나가기를!

- 1927년에 쓴 글

H. A. 로렌츠의 묘지에서 행한 연설

독일어권 학계, 특히 프로이센 과학 아카데미의 대표로서, 그러나 무엇보다 제자이자 애정 어린 숭배자의 자격으로 저는 이 시대 가장 위대하고 고귀한 분의 무덤 앞에 서 있습니다.

그의 천재성은 클라크 맥스웰에서 현대 물리학에 이르는 길을 밝혀주는 횃불이었습니다. 그 자신이 현대 물리학의 틀을 짜는 데 소중한 재료와 수단을 제공한 사람이기도 합니다. 그의 삶은 아주 사소한 부분까지도 하나의 예술작품처럼 질서 정연했습니다. 그는 언제나 친절하고 관대했으며, 사람과 사물을 직관적으로 이해했고, 정의감이 넘쳤습니다. 어디를 가든 지도자의 역할을 했고, 모든 사람은 기꺼이 그를 따랐습니다. 그가 결코 지배하려 하지 않고 그저 쓸모 있는 사람이 되고자 한다는 걸 모두가 느꼈기 때문입니다. 그의 업적과 생애는 미래 세대에게 영감을 주고 안내자의 역할을 하면서 영원히 살아 있을 것입니다.

아널드 베를리너*의 70세 생일을 축하하며

이 기회를 이용하여, 내 친구 베를리너와 이 학술지의 독자들에게 그의 인품과 작업을 내가 왜 그렇게 높이 평가하는지 꼭 밝히고 싶다. 이 자리가 그런 얘기를 할 수 있는 유일한 기회라는 생각이 든다. 객관성을 강조하다 보니 개인적인 것을 모조리 금기시하는 경향이 우리에게 생겼기 때문이다. 우리 인간이 그 장벽을 넘어서는 것은, 오늘같이 매우 예외적인 경우에 한해서나 가능할 듯싶다.

자유를 향해 돌진하다가 이제는 객관성으로 회귀라! 과학으로 증명된 사실의 영역이 엄청나게 확장되었고, 이론 지식은 모든 과학 분야에서 대단히 심오해졌다. 그러나 인간 지성이 이를 소화하는 능력에는 한계가 있다. 따라서 연구자의 관심

---

* Arnold Berliner(1862~1942). 독일 물리학자. 1912년 정기 간행물 『자연과학』의 편집자로 선임되어, 이듬해 창간호부터 1935년 나치에 의해 폐간될 때까지 일했다.

은 점점 더 좁은 구역에 갇히게 된다.

더 심각한 것은, 이렇게 한 가지에만 전문화된 결과, 과학을 하나의 전체로서 거칠게나마 파악하면서 발전 속도를 따라잡는 것이 점점 힘들어지고 있다는 사실이다. 이렇게 되면 진정한 연구 정신은 훼손당할 수밖에 없다. 성서에 상징적으로 표현된 바벨탑 이야기와 유사한 상황이 벌어지고 있다.

본의 아니게도 지식이 점점 좁은 영역으로 밀려나는 모습에 진지한 과학자들 모두가 고통스러워하고 있다. 이런 상황에서 연구자는 광대한 사고의 지평을 잃어버리고, 결국 기술자의 지위로 떨어지고 마는 것이다.

우리 모두는 이런 고약한 상황에 처해 있으면서 개선의 노력도 하지 않았다. 그런데 베를리너가, 최소한 독일어권에서는, 가장 바람직한 방법으로 이 상황을 타개하려 노력하고 있다.

기존의 정기 간행물이 일반 독자에게 정보와 자극을 주기에는 충분하다고 그는 생각했다. 그러나 그는 과학자들을 위한 잡지도 필요함을 깨달았다. 그들에게는 과학적 과제, 접근 방법, 결과 등 진행 상황에 대해 최신의 au courant 정보를 제공해 줄, 그래서 독자적인 판단을 내리는 데 도움을 줄 수 있는 잘 편집된 일류 기관지가 필요했다. 그는 위대한 지성과 그에 걸맞은 결단력으로 수년간 이 일에 헌신했다. 그는 우리에게, 그리고 과학에 말로 다할 수 없는 은혜를 베푼 것이다.

그는 저명한 과학 저술가를 확보하고, 비전문가도 이해할 수 있는 언어로 글을 쓰도록 그들을 설득해야 했다. 그 과정에서 얼마나 치열하게 싸워야 하는지 자주 내게 얘기하곤 했다. 그 어려움을 설명하려고 한 번은 다음과 같은 수수께끼를 내기도 했다.

질문 과학 저자란 누구를 말하는가?

답 미모사와 호저*의 잡종(친애하는 베를리너, 나의 경망함에 노하지 마시기를. 진지한 사람도 때로는 괜찮은 농담을 즐길 줄 안답니다.)

그는 과학의 영토에서 가능한 한 넓은 영역을 한눈에 볼 수 있는 선명한 시야를 갖고 싶어 했다. 그의 갈망이 그토록 간절하지 않았다면, 목표를 이루지 못했을 것이다. 그 열망을 동기로 수년간 끈질기게 노력한 결과 물리학 교재를 펴내기도 했다.

---

*미모사는 잎에 손이 닿으면 축 처지면서 오므라드는 예민한 식물이며, 호저는 가시로 뒤덮인 동물이다. 적을 만나면 꼬리의 억센 가시를 곤두세우고 공격하는데, 적의 몸에 꽂힌 가시는 근육 속으로 파고든다. 미모사 꽃과 호저는 생김새가 비슷하다.

이 책에 대해 한 의학도가 내게 이런 말을 한 적이 있다.

"필요할 때마다 이 책을 꺼내 볼 수 없었더라면 어떻게 근대 물리학의 원리를 분명히 이해할 수 있었을까 싶어요."

베를리너는 선명하고 포괄적인 세계관을 얻기 위해 싸웠으며, 사람들이 과학의 문제, 해결 방법, 그리고 결과의 중요성까지를 깨닫도록 하는 데 기여한 바가 크다. 우리 시대의 과학생활은 그의 잡지를 빼고는 상상할 수 없다.

지식에 생명을 불어넣고 계속 숨 쉬게 하는 일은 특정 문제를 해결하는 것만큼이나 중요하다. 아놀드 베를리너가 베푼 것의 의미를 우리 모두 잘 알고 있다.

- 1932년 주간지 『자연과학』 제20권에 기고한 글

포퍼-린케우스*

포퍼-린케우스는 뛰어난 공학자나 저술가 그 이상이었다. 그는 한 세대의 양심을 구현한 몇 안 되는 탁월한 인물 중 하나였다. 그는 개인의 운명을 사회가 책임져야 한다고 우리에게 세뇌하듯 반복했다. 그래서 공동체가 마땅히 져야 할 의무를 그저 생각에 그치지 않고 현실로 만드는 길을 보여주었다.

그에게 공동체나 국가는 집착의 대상이 아니었다. 오히려, 국가가 개인의 희생을 요구하려면, 개인에게 조화로운 발전의 기회를 제공하는 게 먼저라고 생각했다.

---

* Josef Popper-Lynkeus(1838~1921). 오스트리아의 학자, 작가, 발명가, 사회개혁가. 철학자 칼 포퍼의 삼촌이다. 국가와 사회에 대한 신랄한 비판과 사회악을 줄이기 위한 대담한 개혁 프로그램으로 유명하다. 제정 오스트리아 시절, 그의 저서 일부는 금서가 되기도 했다.

외과의사 M. 카첸슈타인의 부고

베를린에서 18년을 머무는 동안 나는 가까운 친구를 거의 사귀지 못했다. 그나마 가장 가까운 사람이 카첸슈타인 교수이다.

10년 넘게 여름이면 대부분 그의 요트에서 함께 즐거운 시간을 보냈다. 거기서 각자의 경험과 야망, 그리고 감정을 서로에게 털어놓았다. 그는 우리 우정을 풍요롭게 하는 사람이었고, 진정으로 살아 있는 사람이라면 반드시 갖추어야 할 공명의 메아리를 지닌 사람이었다. 서로 이해하는 친구를 만난 것이 축복이기도 했지만, 이 우정 덕분에 우리는 외부 세계로부터 보다 자유로울 수 있었고 그것을 더 쉽게 객관화할 수 있었다.

나는 자유로운 사람이었다. 의무에 구속당하지 않았고, 성가신 책임감에 묶이지도 않았다. 반면에 나의 친구는 화급한 임무를 저버린 적이 없고, 위기에 처한 사람의 운명을 늘 불안하게 지켜보았다. 언제나처럼, 오전에 위험한 수술이 있었던 날이면 전화로 환자의 상태를 알아보고 나서야 요트에 오르곤 했다.

그가 자신의 손에 맡겨진 생명을 얼마나 깊이 염려하는지 알 수 있었다. 이런 직업상의 구속이 그의 영혼의 날개까지 묶어 두지는 못한다는 사실이 놀라웠다.

그는 상상력과 유머감각을 억누르지 않았다. 자유롭던 시절, 이탈리아인들이 '심각한 짐승bestia seriosa'이라 부르곤 하던, 양심적인 북부 독일인의 전형이라 할 만한 사람이 절대 아니었다. 그는 젊은이처럼 브란덴부르크의 호수와 숲이 베푸는 상쾌한 아름다움을 예민하게 느꼈다. 이 사랑스럽고 친숙한 풍경 속에서 능숙하게 배를 몰면서 그는 가슴속에 간직한 비밀스런 보물의 방을 열어젖히고 자신의 실험, 과학적 생각, 그리고 야망에 대해 얘기했다.

그 모든 것을 위한 시간과 에너지가 어디서 나오는지 내게는 늘 수수께끼였다. 책임의 무게가 아무리 무거워도 과학 연구에 쏟는 열정을 꺾지는 못했다. 열정에 사로잡힌 사람은 그 열정이 다하기 전에 먼저 죽고 만다.

그의 주목을 끈 문제는 두 가지였다. 한 가지는 의사로서의 필요에 의한 것이었다. 그는 언제나 건강한 근육으로 소실된 근육을 대체할 수 있는 새로운 방법을 찾으려 골몰했고, 힘줄 이식 같은 기발한 방법을 찾아내기도 했다.

그에게는 이것이 놀라울 정도로 쉬워 보였다. 공간을 상상하는 능력이 뛰어났으며 구조에 대한 감각도 남달랐기 때문이다. 환자의 얼굴, 발, 팔 등의 근육 시스템을 바로잡아 일상생활로 복귀시키는 데 성공했을 때 그가 얼마나 기뻐하던지! 내과의사들이 외과적 처치를 위해 그에게 환자를 보내는 경우도 있었는데, 그 경우에도 수술을 피할 수 있게 되면(위궤양에 펩신중화술을 이용하는 방법으로) 자기 일처럼 기뻐했다.

그는 또한 자신이 개발한 항독성 콜리세럼을 이용한 복막염 치료를 매우 중요하게 생각했기 때문에 그 처치가 성공했을 때도 무척 기뻐했다. 이에 대해 얘기할 때면 이 치료법이 동료들에게 인정받지 못하는 것을 못내 아쉬워하곤 했다.

두 번째 문제는 이종 세포조직 간의 길항작용에 대한 통념과 관련이 있다. 일반 생물학 원리는 응용 범위가 가장 넓다.

그는 자신이 궤도를 벗어나지 않는다는 믿음을 가지고 그 원리가 가리키는 대로 따라갔다. 그의 대담성과 끈기는 존경할 만한 것이었다.

기본 개념에서 출발한 그는, 골수와 골막이 뼈로 분리되지 않으면 서로의 성장을 방해한다는 사실을 밝혀냈다. 이로써 그때까지 이유를 몰랐던, 상처가 아물지 않는 사례를 설명하는 데 성공했고, 치료법 개발에 도움을 줄 수 있었다.

특히 상피세포와 결합조직세포 간에 이루어지는 세포의 길항작용이라는 개념은, 그가 마지막 10년 동안 자신의 과학적 역량을 모두 쏟아 부은 과제였다. 동물실험과 함께 영양액에 담근 세포조직의 성장에 대한 조사가 체계적으로 진행되었다.

여러 가지 직책 때문에 손이 묶인 상황에서 크나케 양처럼 무한한 열정을 지닌 동료를 만나게 되어 그가 얼마나 고마워하던지!

그는 놀라운 결과를 확인하는 데 성공했다. 결합조직세포의 성장을 억제하여 상피세포의 성장을 돕는 요소와 관련된 것이었는데, 이는 암 연구에 결정적으로 중요한 결과였다.

말년에 이른 그에게는 지적이고 독립적인 아들이 조력자가 되어 함께했으며, 자우어브루흐도 따뜻한 관심과 협력으로 그를 행복하게 했다. 그래서 그는 자신의 필생의 작업이 사라지지 않고 자신이 멈춘 자리에서 힘차게 나아가리라는 위안을 느끼며 죽을 수 있었다.

　무한한 선의와 창의성을 지닌 이 사람을 내게 친구로 보내준 운명에 감사한다.

- 1932년 3월 23일 작성한 추도문

졸프* 박사에게 보내는 축하 인사

졸프 박사, 진심에서 우러난 축하 인사를 전할 수 있어 기쁩니다. 당신이 기둥이 되어준 레싱 대학, 과학과 예술 사이에 긴밀한 접촉이 필요하다고 믿는 모든 사람들, 그리고 영혼의 자양분을 갈구하는 대중이 보내는 축하입니다.

거기 비록 영광의 월계관은 없어도, 지성과 영혼의 삶을 고양시키기 위해 조용하고 성실하게 수행해야 할 작업이 있는 분야에 당신은 주저 없이 에너지를 쏟았습니다. 우리의 삶은 오늘날 여러 가지 이유로 위험에 처해 있습니다.

운동선수에 대한 지나친 존경, 최근 몇 년 사이에 이루어진

---

* Wilhelm Heinrich Solf(1862~1936). 독일의 학자, 외교관, 법학자, 정치인. 1922년 아인슈타인이 일본 첫 방문 시 일본 주재 독일 대사로, 아인슈타인의 평화주의·국제주의에 깊이 공감하였다. 1929년 아인슈타인이 재정난에 허덕이는 베를린의 레싱 대학을 도와줄 것을 요청하자, 졸프 박사는 성심껏 지원하였다. 본문은 지원사업의 성공을 축하하는 편지.

기술 발견으로 복잡해진 삶이 주는 상스러운 느낌, 경제 위기 탓에 더욱 혹독해진 생존 투쟁, 짐승 같은 정치 – 이 모든 요소는 인격의 성숙이나 진정한 문화 욕구를 방해하고, 우리 시대를 물질과 야만이 지배하는 얄팍한 시대로 낙인찍는 것들입니다.

모든 지식 영역에서 전문화가 이루어지면서 전문가와 비전문가 사이에 격차가 계속 커지고 있습니다. 이렇게 되면 예술과 과학의 성취를 통해 국민의 삶이 비옥하고 풍요로워지는 것이 더 어려워집니다.

지식인과 대중 간의 접촉이 끊겨서는 안 됩니다. 이들 간의 접촉은 사회의 품격을 위해서 필요할 뿐만 아니라 연구 작업을 수행하는 사람들이 새로운 힘을 얻기 위해서도 반드시 필요합니다. 사막에서는 과학의 꽃이 피어나지 않습니다.

졸프 박사님, 당신은 이런 이유로 레싱 대학에 공을 들였습니다. 당신의 노력에 감사합니다. 더 큰 성공과 행복이 당신과 함께하기를 빕니다.

부에 대하여

세상의 어떤 부도 인류를 향상시키는 데 기여할 수 없다고 나는 확신한다. 인류 향상에 누구보다 헌신적인 사람 손에 들어갔다 해도 마찬가지다. 본보기가 되는 위대하고 순수한 인격만이 훌륭한 생각과 고귀한 행동을 낳는 밑거름이다. 돈에 끌리는 것은 오직 이기심이다. 가진 자는 함부로 쓰고 싶은, 거부할 수 없는 유혹에 빠지게 된다. 카네기처럼 돈 가방을 둘러멘 모세나 예수, 간디를 상상할 수 있는가?

선생과 학생

친애하는 어린이 여러분,

오늘 이렇게 밝고 축복받은 땅에서 행복한 어린이들을 만나게 되어 기쁩니다.

여러분이 학교에서 배우는 훌륭한 지식은 여러 세대에 걸쳐 이루어졌다는 점을 명심하십시오. 온 세상이 함께한 뜨거운 노력과 끝없는 고통 속에서 태어난 것입니다. 이 모든 것을 여러분이 물려받았습니다. 그것을 존경하는 마음으로 받고, 더 보태고, 언젠가 다시 후손에게 충실히 전달하는 것은 여러분의 몫입니다. 그렇게 우리 인간은 함께 창조하는 영원한 것들 속에서 불멸을 얻는 것입니다.

이 점을 항상 마음에 새기고 있으면 여러분이 삶과 직업의 의미를 찾는 데 도움이 될 것이며, 다른 나라와 시대에 대해 올바른 태도를 가지게 될 것입니다.

교육과 교육자

친애하는 _____,

16페이지 정도 되는 자네의 원고를 읽고 나니 좀… 웃음이 나는군. 자네의 원고는 영리하고 정직하게 자기주장을 잘 담았네. 어느 정도 독자적 의견을 제시하기도 했지. 하지만 너무나 전형적인 여성성이 드러나 있더군. 그래서 참신하지도 않은데다, 여성이라는 개인적 분노 때문에 가치가 떨어진다는 느낌을 받았네.

나도 선생들에게서 자네 같은 대우를 받았다네. 내가 독립적인 인간이라 선생들은 싫어했지. 그래서 조수가 필요할 때도 나는 제외했었다네(사실 나는 자네만큼 모범생은 아니었다는 걸 인정해야겠군).

내 학창시절에 대해 쓰면서 시간 낭비하고 싶진 않을 뿐더러 누군가 그 얘기를 인쇄하거나 실제로 읽게 되는 상황을 만드는 데 앞장설 생각은 더더욱 없다네. 게다가 좀 더 나은 자리를 차지하려고 나름대로 노력하는 사람에 대해 이러쿵저러쿵 하면 비열해 보이게 마련이지.

그래서 말이지만, 자네 성질은 숨겨 두고 자네 원고는 아들딸을 위해 잘 보관하게. 그 아이들이 선생이야 뭐라 하든, 어떻게 생각하든 신경 쓰지 않고, 자네 원고를 읽으며 위안을 찾게 될지도 모르는 일 아닌가.

덧붙이자면, 나는 교육이 아니라 조사차 프린스턴으로 가는 거라네. 교육이 너무 넘쳐나. 특히나 미국 학교가 그렇지. 훌륭한 본보기가 되는 게 유일하게 합리적인 교육 방법이긴 하지만, 반면교사가 되는 것도 방법이긴 하다네.

인사를 전하며….

일본 학생들에게*

일본 학생들에게 인사를 전한다.

내게는 그럴 만한 특별한 권리가 있다고 생각한다. 아름다운 나라 일본을 방문하여 도시와 집, 산과 숲, 그리고 그 속에서 조국애를 배운 일본 소년들을 직접 보았기 때문이다. 일본의 아이들이 색칠한 그림으로 가득한 두꺼운 책이 항상 나의 탁자에 놓여 있다.

이렇게 멀리서 보내는 나의 메시지를 받거든, 우리 시대가 우호적이면서 서로 이해하는 국제관계를 만들어 가야 할 역사상 첫 시대라는 사실을 진지하게 되새겨 주기 바란다.

이전 시대의 사람들은 타 국민을 서로 무시하면서, 사실은

---

*아인슈타인은 1922년 일본을 방문하여 일본인의 예의범절, 지적 호기심, 예술적 감수성에 호의를 갖게 된다. 일본과 일본인을 사랑하게 된 그는 일본을 떠날 때 눈물을 흘렸다.

서로 증오하거나 두려워하면서 살았다. 형제처럼 서로 이해하는 정신이 그들 사이에서 점점 더 강력해지기를 기원한다. 이런 희망을 마음에 품고, 한 늙은이가 일본 학생 여러분에게 멀리서 인사를 전한다.

　그리고 여러분의 세대가 나의 세대를 부끄럽게 만드는 날이 언젠가는 오기를 희망한다.

실낙원

17세기에 이르기까지 전 유럽의 석학과 예술가들은 공동의 이상으로 단단히 결속되어 있어서, 그들 사이의 협력 관계가 정치적 사건에 휘둘리는 일은 좀처럼 없었다. 그들의 결속은 라틴어를 공용어로 사용한 덕분에 더욱 강해졌다.

지금 우리에게 당시의 상황은 실낙원과도 같다. 민족주의 광풍에 지식인 공동체는 파괴되었고, 한때 세계를 하나로 묶어주던 라틴어도 죽어버렸다. 민족 전통의 대변자가 되어버린 학자들은 지식인의 연합이라는 개념조차 상실했다.

오늘날 우리는 기묘한 현실을 마주하고 있다. 정치인이라는 이름의 실무 행정가가 국제적인 발상을 주도하고 있는 것이다.

국제연맹을 창설한 이들이 정치인이라니, 기이한 일이다.

- 1919년 국제연맹 창설 직후 쓴 글

버나드 쇼에게 보내는 인사

동시대인들의 약점과 어리석음을 알아챌 만큼, 그러면서도 거기에 물들지 않을 만큼 독립적인 사람은 드물다. 고립된 섬처럼 존재하는 이 소수의 사람들마저도 인간의 완고함에 부딪히면, 그들의 어리석음을 바로잡고자 하는 열정을 금세 잃어버리고 만다. 오직 극소수의 사람들만이 미묘한 유머와 기품으로 동시대인들을 매혹시키고, 비인격인 예술의 힘으로 그들 앞에 거울을 내밀어 스스로를 비춰 보게 한다. 오늘 나는 그렇게 우리를 즐겁게 하고 가르침을 준 최고의 대가 한 분께 진심으로 경의를 표한다.

- 1930년 영국을 방문하며 건넨 메시지

어느 비평가에게 보내는 축사

자신의 눈으로 직접 보는 것, 당대의 유행에 휩쓸리지 않고 스스로 느끼고 판단하는 것, 보고 느낀 바를 간결한 문장이나 묘한 하나의 단어로 표현해 내는 것 – 영광스럽지 않은가? 축하할 만한 일 아니겠는가?

종교와 과학

인류의 모든 행위와 생각은 자신이 느낀 욕구의 충족이나 고통의 완화와 관련이 있다. 정신 활동과 그 전개 과정을 이해하려면 이 사실을 반드시 기억해야 한다.

모든 인간의 노력과 창조 뒤에는 감정과 욕망이라는 동기가 숨어 있다. 욕망이 숭고한 모습의 가면을 쓸 수는 있겠지만, 그렇다고 해도 마찬가지다. 그렇다면 인간을 종교적 사고와 광의의 신앙으로 이끈 감정과 욕망은 무엇인가?

조금만 생각해 봐도, 상황에 따라 급변하는 종류의 감정이 종교적 사고와 경험을 관장하고 있음을 알 수 있다. 원시인에게 종교적 생각을 불러일으키는 것은 무엇보다 굶주림, 사나운 짐승, 질병, 죽음 등에 대한 공포이다. 존재의 단계가 여기에 머물러 있을 때는 인과관계에 대한 이해가 부족하다. 그래서 인간은 엇비슷한 존재를 머릿속에서 스스로 창조하고는 공포를 주는 사건들이 그 존재의 의지와 행동에 달려 있다고 생각한다. 이제 그의 자비를 구하는 것이 목표가 되고, 대를 이어 전해진 전통에 따라 의식을 행하고 희생물도 바치면서 그것이 가상의 존재를 달래거나 인간에게 동정심을 갖게 해주리라 믿는다. 이것이 바로 내가 말하는 공포의 종교이다.

성직자들이 만들어 낸 것은 아니지만, 그들 특수 계급이 형성되면서 공포의 종교는 상당히 안정화된다. 그들은 사람들과 공포의 대상 사이에서 중재자 역할을 자임하면서 이를 근거로 주도권을 장악한다. 다른 요소에 의존하여 지위를 유지하는 지도자나 통치자, 혹은 특권층이 자신의 세속적 권위를 확실히 하기 위해 성직자 기능까지 함께하는 경우를 많이 볼 수 있다. 혹은 정치적 통치자와 성직자 계급이 각자의 필요에 따라 공동의 노력을 기울이기도 한다.

사회적 감정은 종교를 형성하는 또 다른 원천이다. 아버지와 어머니, 그리고 보다 큰 공동체의 지도자들은 하나같이 유한한 인간이며 실수도 저지른다. 이끌어 주고, 사랑해 주고, 지지해 주기를 원하는 인간은, 그래서 사회적 혹은 도덕적 개념에서 신을 만들어 낸다. 모든 것을 주관하는 신은 우리를 보호하고, 알맞은 곳에 쓰고, 상을 내리거나 벌하기도 한다. 신은 믿는 자의 세계관의 폭에 따라 한 종족의 삶을 사랑하기도 하고, 전 인류를 혹은 말 그대로 생명을 사랑하고 아끼기도 한다. 신은 슬픔과 채워지지 않은 갈망을 위로하고 죽은 자의 영혼을 영원히 지켜 준다. 이것이 신의 사회적 혹은 도덕적 개념이다.

유대교 경전은 공포의 종교에서 도덕 종교로 발전해 가는 과정을 잘 묘사하고 있으며, 이는 신약으로 이어진다. 모든 문명화된 민족, 특히 동양인의 종교는 대부분 도덕 종교이다. 공포의 종교에서 도덕 종교로 발전하는 것은 한 민족의 삶에서 위대한 도약이다. 그러나 '원시 종교는 전적으로 공포에 기반을 두고 있고, 문명화된 종족의 종교는 온전히 도덕성에 바탕을 둔다'는 생각은 우리가 경계해야 할 편견이다. 사실은 둘 다 아직은 혼재해 있으며, 단지 사회생활의 질이 높은 곳에서는 도덕 종교가 우세하다.

이들 종교 형태에 공통으로 나타나는 특징은 인격신의 개념이다. 특별한 자질을 지닌 개인이나 고결한 정신을 공유하는 공동체만이 진정한 의미에서 이 단계를 넘어선다. 그런데 비록 순수한 형태로 나타나는 일은 거의 없지만, 이들이 경험하는 세 번째 단계의 종교 체험이 있다. 나는 이것을 '우주적 종교 감정'이라고 부르겠다. 이런 감정을 전혀 느껴 본 적이 없는 사람에게 이를 설명하기는 매우 어렵다. 딱 들어맞는 인격신의 개념이란 게 없기 때문에 더욱 그렇다.

한 인간이 욕망과 목적의 공허함, 그리고 자연과 사유의 세계에 드러나는 숭고함과 놀라운 질서를 느낀다. 그는 개별 존재를 일종의 감옥이라 여기고, 거대한 하나의 완전체로 우주를 경험하고자 한다.

우주적 종교 감정은 종교 발전의 초기 단계에서 이미 싹트고 있다. 예를 들면, 다윗의 시편 여러 곳과 예언서 일부에서 볼 수 있다. 쇼펜하우어의 뛰어난 저술을 통해 알 수 있는 것처럼, 불교는 이런 요소를 훨씬 강력하게 담고 있다. 모든 시대에 걸쳐 신앙심 깊은 천재란 이러한 우주적 종교 감정이 두드러지는 사람들이었다. 그 감정에는 교리도 없고 인간의 형상을 한 신도 없기에, 그것에 기댄 교회도 있을 수 없다.

그래서 가장 높은 경지의 종교 감정으로 충만한 사람은 어느 시대에나 이단자들 속에서 발견된다. 그들은 대개 동시대인들로부터 무신론자로 치부되거나 때로는 성자로 여겨지기도 했다. 이런 관점에서 볼 때 데모크리토스, 아시시의 프란체스코, 스피노자 같은 사람들은 서로 매우 유사하다.

신이라는 개념이나 신학이론도 없는데 어떻게 우주적 종교 감정을 다른 사람에게 전할 수 있을까? 능히 감당할 수 있는 사람들 마음속에서 이 감정을 깨우고 살아 있게 하는 것이 예술과 과학의 가장 중요한 기능이라고 나는 생각한다.

이제 우리는 과학과 종교의 관계에 대해 일반적인 생각과는 전혀 다른 개념에 도달했다. 전통적 관점에서 사건을 바라보는 사람은, 과학과 종교를 서로 화해할 수 없는 적대자로 간주하는 경향이 있고 분명한 이유도 있다. 그러나 인과율이 어디에나 작동한다고 철저히 믿는 사람은, 사건의 진행에 개입하는 어떤 존재가 있다는 생각을 한순간도 품을 수 없다. 정확히 말해, 인과관계라는 가설을 그가 정말로 진지하게 믿는다면 말이다.

그에게는 공포의 종교도 사회나 도덕의 종교도 필요가 없다. 인간의 행위는 내·외적 필요에 따라 결정된다는 분명한 이유가 있기 때문에 그는 상을 주거나 벌을 내리는 신을 상상할 수 없다. 그래서 그는 신 앞에 아무 책임을 느끼지 않는 것이다.

무생물이 자기 움직임에 책임을 지지 않는 것과 마찬가지다.

이런 이유로 과학은 도덕성을 해친다는 비난을 받아 왔지만, 그런 비난은 옳지 못하다. 인간의 윤리적 행위는 종교가 아니라 연민, 교육, 사회적 유대의 바탕 위에서 이루어져야 한다. 공포와 심판, 혹은 사후에 주어질 보상에 대한 기대에 매여 살아간다면 인간은 정말 초라할 것이다.

그러고 보면 교회가 언제나 과학을 적대시하고, 과학에 헌신하는 사람들을 박해한 이유를 쉽게 알 수 있다. 반면에 나는 우주적 종교 감정이 과학 연구에서 가장 강력하고 숭고한 자극이라는 생각을 굽힐 수 없다. 이론과학 분야의 선구자에게 요구되는 한없는 노력과 헌신을 아는 사람만이 그런 강력한 감정을 완전히 이해할 수 있으며, 오로지 우주적 종교 감정만이 실생활과 동떨어진 선구적 연구를 가능케 하는 힘인 것이다.

케플러와 뉴턴은 천체역학의 원리에 골몰하며 수년의 고독한 시간을 견디었으니, 우주의 합리성에 대한 그들의 신념은 얼마나 깊었으며 이해하고자 하는 열망은 또 얼마나 강했던가! 그조차도 지상에 드러난 정신의 희미한 그림자일 뿐인가. 온통 회의론으로 가득한 세상에서도, 자신과 같은 생각을 품은 사람을 위해 길을 제시한 이들은 동서고금을 막론하고 언제나 존재했다.

그런데 과학 연구를 주로 그 결과로만 접하다 보면, 이들의 심리에 대해 완전히 잘못된 견해를 갖기 쉽다. 일생을 이들과 비슷한 목적에 헌신해 본 사람만이 이들에게 영감을 준 것이 무엇이었는지 생생히 자각할 수 있다. 수없이 실패를 거듭하면서도 자신의 목표에 충실할 수 있게 한 힘이 어디서 온 것인지를 말이다. 인간에게 이런 힘을 주는 것은 바로 우주적 종교 삼정이다.

현 시대를 살고 있는 어떤 사람이 이런 말을 했다.

"이 물질만능의 시대에 심오한 종교적 품성을 지닌 사람은 진지한 과학자들뿐이다."

옳은 말이다.

- 『뉴욕타임스매거진』 기고문으로 1930년 11월 9일 게재.
독일어로는 이틀 뒤인 11일 『베를리너타게 블라트』에 게재.

과학의 종교성

깊이 있는 과학자 중에 나름의 독특한 종교 감정을 가지지 않은 사람은 한 사람도 없다 해도 과언이 아니다. 그러나 이것은 순진한 사람의 종교와는 다르다. 순진한 사람에게 신은 은총을 내리는 보호자이거나 두려운 심판자이다. 이는 아이가 아버지에게 느끼는 것과 같은 감정이 승화된 것일 뿐, 아무리 깊은 경외감을 품고 있다 하더라도 다소 개인적 관계에 머무르고 만다.

그러나 과학자는 보편적 인과관계라는 감각에 사로잡혀 있다. 그에게 미래는 과거만큼이나 필연적이며 확정적이다. 도덕이란 단지 인간의 일일 뿐, 거기에 성스러움은 전혀 없다. 그의 종교 감정은 조화로운 자연법칙에 대한 열렬한 경탄으로 나타난다.

그는 자연법칙에서 인간의 모든 구조적 사고와 행동을 지극히 하찮은 그림자로 만들어버릴 정도로 우월한 지성을 발견한다.

이기적 욕망이라는 족쇄를 끊어버릴 수만 있다면, 종교 감정은 그의 삶과 연구를 이끌어주는 원칙이 된다. 그가 느끼는 감정이 시대를 막론하고 신앙심 깊은 천재들을 사로잡았던 그 감정에 매우 가깝다는 건 두말할 필요도 없다.

파시즘과 과학

친애하는 각하,

이탈리아에서 존경받는 저명한 과학자 두 분이 양심의 문제를 저에게 호소하면서, 자국의 학자들을 위협하는 잔인한 박해를 가능하다면 멈출 수 있도록 각하에게 편지를 써 달라고 요청했습니다. 파시스트 체제에 충성을 서약하는 선서에 관해 말씀드리는 것입니다. 이탈리아 지성의 꽃들이 이런 모욕을 당하지 않도록 무솔리니 각하에게 조언해 주기 바랍니다.

정치적 신념이 비록 달라도, 한 가지 사실에는 우리가 동의하리라고 생각합니다. 바로, 유럽의 정신이 이룩한 업적 속에서 우리가 가진 최상의 가치를 발견하고, 그것을 사랑한다는 사실 말입니다. 진실을 향한 열망이 다른 모든 욕망에 우선한다는 원칙에 따라, 사상과 가르침의 자유 위에서 이룩한 업적입니다.

바로 이 자유에 근거하여 그리스에서 우리의 문명이 태어났고, 르네상스의 이름으로 이탈리아에서 다시 부활한 것입니다. 이 지고의 가치는 순수하고 위대한 순교자의 피를 대가로 얻은 것입니다. 그들 순교자 덕분에 이탈리아는 오늘도 여전히 사랑과 존경을 누리고 있습니다.

인간의 자유 중 어떤 부분이 국가를 이유로 침해당해도 무방한가를 놓고 논쟁할 생각은 전혀 없습니다. 그러나 일상생활에 필요한 실용성과는 별개로, 과학 진실의 추구는 모든 정부가 신성시해야 할 일이며, 진실을 섬기는 순수한 종복을 평화롭게 내버려 두는 것이 모두에게 최선임을 알아야 합니다. 그것이 이탈리아에 이익이 되고, 국가의 위상에도 도움이 되리라는 건 의심의 여지가 없습니다.

저의 요청에 귀 기울여 주시기 바라며, 각하의 충실한 종복이 올립니다.

A. E.

- 무솔리니 정부의
로코 법무교육부 장관(1925~1932)에게 보낸 편지

곤궁한 처지의 과학

독일어권 국가가 위험에 빠져 있다. 저명인사들이 나서서 단호한 어조로 주의를 환기해야 한다. 정치 문제에서 비롯한 경제적 압박이 모두를 똑같이 힘들게 하는 것은 아니다. 가장 타격이 큰 쪽은 국가의 재정 지원에 의존해 살아가는 여러 기구와 개인들인데, 과학 기구와 그 종사자들이 여기에 속한다. 그들은 과학의 번영에만 기여하는 게 아니라 문화 면에서 독일과 오스트리아가 차지하는 역할에도 기여하는 바가 크다.

상황의 심각성을 이해하려면 다음의 사항을 고려해야 한다. 위기의 순간에 사람들은 대개 시급한 필요를 제외한 모든 것에 장님이 되어, 당장 물질적 부를 생산하는 일에만 대가를 지불하려 한다. 그러나 실용만을 추구해서는 과학이 번성할 수 없다. 과학이 창조하는 지식과 방법들은 대체로 실용적인 목적을 달성하는 데 보조 역할을 할 뿐이다. 그조차도 대개의 경우 여러 세대가 지난 후에나 가능한 일이다.

우리에게는 독자적인 사고와 판단력을 무기로 산업 분야에서 새 길을 여는가 하면, 새로운 상황에도 대처할 수 있는 과학자가 필요하다. 과학을 등한시하면 그런 능력 있는 과학자가 부족해지는 사태를 맞게 된다. 과학 연구가 정체되면 그 국가의 지적인 생명도 말라죽는다. 이는 미래의 수많은 발전 가능성이 시든다는 뜻이기도 하다.

이런 상황은 막아야 한다. 독일이 비정치적인 이유로 약해져 있으니, 좀 더 부유한 유럽 국가들이 당장 구조의 손길을 뻗어 과학이 퇴락하는 걸 막아야 한다.

선견지명 있는 사람들이 상황을 정확히 이해하고 몇몇 기구를 설립했다. 덕분에 모든 종류의 과학 연구가 독일과 오스트리아에서 중단 없이 진행될 것이다. 이런 노력이 제대로 결실을 맺을 수 있도록 도와야 한다.

감격스럽게도, 과학 연구를 향한 의지와 열정이 아직은 경제난에 질식당하지 않았다는 사실을 나는 교육 현장에서 목격하고 있다. 질식이라니 어림도 없다! 오히려 우리에게 닥친 재난 덕분에 비물질적인 것에 대한 애정이 실제로 더욱 강해진 듯

하다. 최악의 상황에서도 사람들은 열의를 보이고 있다.

오늘을 사는 젊은이의 의지와 재능이 시들지 않도록 세심하게 보살펴야 한다. 그들을 보호하지 못하면 모두에게 큰 손실로 다가올 것이다.

- 『Neue Freie Presse』 1921년 12월 25일

기자들*

농담이거나 지나치게 들떠서 한 얘기, 혹은 치명적 결과로 끝나고 말 테지만 일시적 분노에 휩싸여 한 얘기들, 이 모든 발언에 대해 공개적으로 설명하라고 요구하는 것이 어느 선까지는 합리적이고 자연스러울 수 있다. 그러나 변명할 기회도 없는 상태에서 누군가 다른 사람이 자기 이름을 들먹이며 한 얘기까지 공개적으로 해명하라고 한다면 참으로 곤혹스럽다. "아니 그런 끔찍한 운명에 처한 사람이 누구인가요?"라고 여

---

* 아인슈타인은 언론의 표적이 되어 유명세를 치렀다. 1931년에는 아인슈타인의 인터뷰를 포기한 전말기가 『워싱턴헤럴드』의 1면을 장식하며, 주목을 받기도 했다. 아인슈타인의 행적을 쫓던 시시 패터슨이란 여기자가 모하비 사막에서 나체로 일광욕 중인 그의 모습을 발견하고 발걸음을 돌렸다는 내용이다. 취재를 포기했다는 보도마저 아인슈타인과 관련된 뉴스라면 대접을 받은 셈이다. 또한 개구쟁이처럼 혓바닥을 날름 내민 사진은, 1951년 아인슈타인의 72세 생일에 사진기자의 집요한 요구에 응한 모습으로, 프린스턴 고등 연구소의 소장을 역임한 프랭크 아델로트 부부와 함께 승용차의 뒷자리에 앉아 셋이 함께 찍은 사진의 일부분이다.

러분은 물을 것이다. 글쎄, 기자가 따라다닐 정도로 대중의 관심을 끄는 사람이라면 누구나 해당된다는 게 내 대답이다. 여러분은 못 믿겠다는 듯 웃을 테지만, 이런 일을 내가 직접 겪은 것이 한두 번이 아니니 그 얘기를 들려주겠다.

한번 상상해 보라. 어느 날 아침, 기자가 당신을 찾아와 친구 N에 대해 얘기해 달라고 상냥하게 부탁한다. 처음에 당신은 그런 요구에 분노 비슷한 감정을 분명히 느낄 것이다. 그렇지만 달아날 방법이 없다는 걸 금방 깨닫는다. 당신이 답변을 거부하면 그 기자는 이렇게 쓸 것이다.

"N의 가장 친한 친구로 보이는 사람에게 N에 대해 물었다. 그러나 그는 신중한 태도로 나의 질문을 피했다. 이로 미루어 독자 여러분은 예상 가능한 결론에 도달하게 될 것이다."

그러니 별 수 없이 다음과 같이 말하게 된다.

"N은 쾌활하고 솔직한 사람이어서 친구들은 그를 무척 좋아합니다. 그는 어떤 상황에서도 긍정적인 면을 이끌어 내는 능력이 있죠. 그의 진취성과 근면성에는 한계가 없어요. 그는 모든 에너지를 자신의 일에 쏟아 붓습니다. 그는 가족에게 헌신적이에요. 자신이 가진 모든 것을 아내에게 바치는 사람이죠."

이제 기자는 이것을 이렇게 옮긴다.

"N은 가벼운 성격의 사람으로 자신을 좋아하게 만드는 재주가 있다. 다정하고 싹싹한 태도를 용의주도하게 길러 온 덕분이다. 그는 철저히 일의 노예로 살기 때문에 자기 일을 벗어난 주제나 정신 활동에 마음을 쓸 여유가 전혀 없다. 그는 아내를 믿기 힘들 만큼 떠받든 나머지 완전히 쥐여살고 있다."

진짜 기자라면 이것보다 훨씬 맛깔나게 만들 테지만, 당신과 친구 N에게는 이 정도로도 충분하다. N은 이 기사를, 이런 식으로 왜곡된 기사를, 다음날 아침신문에서 읽는다. 그의 성품이 아무리 쾌활하고 자비롭다 한들, 당신을 향한 그의 분노에는 한계가 없다. 그가 상처를 받았다는 사실 때문에 당신은 너무나 고통스럽다. 당신이 정말로 그를 좋아한다면 더욱 그러하다.

이제 어쩔 텐가, 친구? 답을 안다면 내가 그 방법을 당장이라도 써먹을 수 있게 어서 알려주기 바란다.

미국에 감사를 전하며

시장님, 그리고 신사 숙녀 여러분,

오늘 이 훌륭한 리셉션이 저 개인을 위한 것이라 생각하면 얼굴이 붉어집니다. 그렇지만 순수과학의 대표자로서 저를 위해 마련하신 것이라 생각하니 기쁘기 그지없습니다. 이 모임은, 세계가 더 이상 물질의 힘과 부유함을 최상의 가치로 여기지 않는다고 밝히는 명백한 선언과 다름없습니다. 사람들이 이런 선언을 공식화하고자 하는 충동을 느낀다는 사실이 기쁩니다.

영광스럽게도 이 행운의 나라에서 두 달을 지내는 동안, 활동가와 일반인들이 과학 활동에 얼마나 높은 가치를 부여하는지 지켜볼 기회가 많았습니다. 그들 중 상당수는 과학 사업을 위해 꽤 많은 재산을 헌납하고 노력을 기울였습니다. 그들 덕분에 이 나라가 번영하고 존경받는 지위에까지 오른 것입니다.

이 자리를 빌려 감사한 마음으로 꼭 언급하고 싶은 것이 있

The World as I See It

습니다. 과학에 대한 미국의 지원은 국경을 뛰어넘는다는 점입니다. 전 세계 문명국들이 야심차게 추진하는 과학 사업에 미국의 기관과 개인이 아낌없는 지원을 제공하고 있습니다. 이 자리에 계신 여러분은 이 사실에 대해 자부심과 만족감을 느끼리라 확신합니다.

미국의 지원은 사고와 정서의 국제화를 증명하는 것이기에 특별히 환영할 만합니다. 세계가 더 나은, 그리고 더 가치 있는 미래로 나아가려면, 유력한 국가와 개인이 국제적으로 사고하고 느끼는 것이 그 어느 때보다 필요합니다. 무거운 책임감에서 시작된 미국의 국제주의가 머지않아 정치 영역으로까지 확장되기를 희망합니다. 미국이라는 위대한 국가의 적극적 협조 없이는, 국제관계를 조율하려는 모든 노력이 효과를 보기 어렵습니다.

이렇게 훌륭한 리셉션을 열어 주셔서 진심으로 감사합니다. 특히, 정중하고 다정하게 저를 환영해 주신 미국의 학자 여러분께도 진심으로 감사를 전합니다. 여기에 머문 두 달을 언제나 기쁘고 감사한 마음으로 추억하겠습니다.

다보스에서 열린 대학 강좌

"원로원 의원들은 모두 착하나 원로원은 사악한 짐승이다
(senatores boni viri, senatus autem bestia)."[*]

교수로 일하는 스위스인 친구가 한 번은 자신을 괴롭히던
교수진에게 이런 글을 써 보내 분풀이를 했다고 한다. 공동체
는 개인보다 양심이나 책임감이 부족한 경향이 있다. 이 사실
이 인류에게는 고통을 키우는 근원이더라! 전쟁과 온갖 형태
의 압제를 부르는 원인이어서 지구를 고통과 한숨과 비탄으로
가득 채우는 것이다.

진정으로 가치 있는 일은 수많은 개인이 사심 없이 협력하
지 않고는 이루어지지 않는다. 그러니 삶과 문화를 진작시키
려는 목적 하나로 큰 희생을 요구하는 공동사업이 입안되거나

---

[*] 로마시대에 원로원 의원 개개인은 선하게 행동하지만, 집단으로서의 원로
원은 시민의 이익보다 자신들의 사익을 좇아 악행을 저지른다는 라틴어 경구.

착수될 때, 선의를 가진 인간이라면 더없이 기쁠 수밖에 없는 것이다.

다보스에서 열리는 대학 강좌 소식을 들었을 때, 나는 그런 순수한 기쁨을 느꼈다. 지성과 현명한 절제를 동반한 일종의 구조 작업이 그곳에서 펼쳐지고 있다. 이 작업은, 비록 누구나 당장 필요성을 느끼는 그런 종류는 아닐지라도, 진지한 요구가 있어 시작된 것이다.

수많은 젊은이가 다보스의 햇살 가득한 산이 주는 치유력을 빌으며, 희망을 품고 그곳의 계곡으로 향한다. 그러나 그렇게 오랜 시간, 의지를 다져주는 정상생활의 규율에서 벗어나 육신의 건강만을 염려하며 음울한 생각에 시달리다 보면, 정신활동이 주는 힘이라거나 생존 투쟁 속에서 자신을 지켜줄 감각을 쉽게 잃어버리고 만다. 결국은 온실 속의 식물처럼 변해버려 건강을 회복한 후에도 평범한 일상으로 돌아가기가 힘들어진다. 인격이 형성되는 청년기에 지성의 연마를 중단하면 나중에는 결코 메울 수 없는 틈이 생긴다.

일반적으로 적절한 정신활동은 치료를 지연시키기는커녕 간접적이나마 도와준다. 적당한 신체운동이 도움이 되는 것과 마찬가지다. 이런 상황 인식 아래 대학 강좌가 개설되었다. 강좌의 목적은 이곳의 젊은이들에게 단지 취업 준비를 시키겠다는 게 아니라 지적 활동을 하도록 자극을 주겠다는 것이다. 강좌를 통해 일거리와 직업 훈련, 정신 건강법 등이 제공될 것이다.

이 사업의 목적은 여러 국가가 유럽공동체 정신을 함께 키우는 관계가 되도록 하는 데 있음을 잊지 말아야 한다. 탄생에서부터 어떠한 정치적 목적도 배제하고 있으므로, 이번의 새로운 시도가 가져올 효과는 한층 유익할 것이다. 생명을 불어넣는 일에 협력하는 것이 국제주의라는 대의에 이바지하는 최선의 방법이다

다보스에 대학 강좌를 도입한 사람들이 열정과 지성으로 초창기의 어려움을 이겨 내고, 어느 정도 성공을 거두었다는 게 기쁘다. 부디 번성하여 존경받아 마땅한 수많은 존재들의 내면을 풍부하게 해주고, 요양소에서의 열악한 삶에서 구해 주기를 바란다!

- 스위스 다보스에서 열린 국제대학 과정에 참여해 한 연설

미국의 인상에 대한 단상

이 나라에서 받은 인상에 대해 무언가 말하겠다고 했으니 약속은 꼭 지켜야 하는데, 그게 그렇게 쉽지가 않다. 미국에 있는 동안 줄곧 친절과 분에 넘치는 존경을 받은 내가 공정한 관찰자의 태도를 유지하기가 쉽지 않아서다. 우선 존경에 대한 얘기부터 해보자.

개인에 대한 숭배는 언제고 정당화될 수 없다는 게 내 생각이다. 분명히 자연은 가지각색의 선물을 자식들에게 골고루 나누어준다. 그러나 고맙게도 남보다 좋은 자질을 타고난 사람도 많다. 나는 그들 대부분이 조용히, 눈길을 끌지 않으면서 살아간다고 확신한다. 그들 중에 몇 명을 골라 무한한 경탄의 대상으로 삼고는 초인적인 정신과 인격의 소유자라고 믿는 것은 정당하지 않을 뿐만 아니라 악취미라고까지 여겨진다.

이제까지 나의 운명이 이러했다. 나의 능력이나 업적에 대한 대중의 평가와 현실의 대비가 기괴하게 느껴질 정도다. 이런 비정상적인 상황을 의식하면서도 견디어 낼 수 있었던 건, 한 가지 위안이 되는 생각이 있었기 때문이다. 물질 만능이라고 비난받는 시대에, 오로지 지성과 도덕의 영역에 몰두하는 사람을 영웅시하는 것은 차라리 반가운 현상이라는 점이다. 많은 사람들이 지식과 정의를 부나 권력보다 우위에 둔다는 것을 증명하는 현상이다. 이러한 이상적인 세계관이 물질적인 나라로 유난히 매도당하는 미국에 유난히 많이 퍼져 있다는 걸 미국에서 지내는 동안 경험했다.

이제 여담은 이만 줄이고 본론으로 들어가겠으니, 대단치 않은 나의 말에 의미를 더하지 말고 있는 그대로 받아들여 주기를 바란다.

미국을 방문하면 맨 먼저 기술과 조직 면에서 그들이 얼마나 뛰어난지를 보고 놀란다. 일상생활에 필요한 것들이 유럽에서보다 훨씬 충실하게 설계되어 있다. 주택은 살기에 더 편리하고, 다른 것들도 인간의 노동을 절약할 수 있게 디자인되어 있다. 미국은 천연 자원에 비해 인구 밀도가 낮기 때문에 노동력이 비싸다. 비싼 노동력은 기술 장비와 작업 방식을 눈부

시게 발전시키는 동기가 되었다. 인구 분포가 과밀한 중국이나 인도는 정반대의 상황을 잘 보여준다. 이들 나라에서는 값싼 노동력이 기계의 발달을 가로막은 측면이 있다. 유럽은 그 둘의 중간쯤에 위치한다. 일단 기계의 발전이 충분할 만큼 높은 단계에 이르면 가격은 점점 내려가 결국 가장 값싼 노동력보다도 싸진다. 편협한 정치적 이유에서 자국의 인구가 늘기를 바라는 파시스트들이 주목해야 할 대목이다. 미국이 금지적 관세율을 적용해 외국산 제품을 막으려고 전전긍긍하는 모습과 비교하면 상당히 특이한데…. 그러나 단순한 방문객을 너무 골치 아프게 하지 말자. 이것저것 고려해 볼 때, 모든 질문에 합리적인 답변만이 유효한 것은 아니다.

두 번째로 방문객을 놀라게 하는 것은, 그들의 유쾌하고 긍정적인 삶의 태도이다. 사진에 찍힌 사람들의 얼굴에 번진 미소는 미국이 가진 위대한 자산 중의 하나를 상징적으로 보여준다. 그들은 다정하고, 자신감 넘치며 낙관적이고, 무엇보다 질투심이 없다. 유럽 사람들은 미국인과의 교제가 편안하고 기분 좋다고 느낀다.

유럽인은 미국인에 비해 비판적이고, 자의식이 강하며, 친절하게 돕는 마음이 부족하고, 더 고립되어 있으며, 자신의 재미와 독서에 대해 까다롭고, 대체로 비관적인 편이다.

물질적으로 안락한 삶을 대단히 중요하게 생각하면, 그런 삶을 위해 평화, 걱정 근심으로부터의 자유, 안도감 등을 희생시키게 된다. 미국인은 야망과 미래를 위해 살고 있는데, 유럽인보다 그 정도가 심하다. 미국인의 삶은 언제나 무엇이 되고자 하는 것일 뿐 현재의 삶 자체로는 그들에게 의미가 없다. 이런 면에서 미국인은 러시아인이나 아시아인과 많이 다르다. 유럽인과 비교해도 그렇다. 그러나 유럽인에 비해 미국인이 아시아인과 더 유사한 점이 한 가지 있다. 개인주의가 덜하다는 점이다. 경제적인 관점이 아니라 심리적인 관점에서 그렇다.

'나'보다는 '우리'를 더 강조한다. 당연한 결과로, 관습과 인습의 힘이 매우 강력해진다. 따라서 삶의 가치관과 도덕적, 심미적 사고가 획일화되는 경향이 유럽인보다 미국인에게서 더 강하게 나타난다. 미국이 유럽보다 경제적 우위에 서게 된 것은 주로 이 때문이다. 자선사업은 물론이고, 공장이나 학교 등에서도 협력과 분업이 유럽보다 쉽게 이루어지면서 마찰은 적다. 이런 사회의식은 아마도 부분적으로는 영국 전통의 영향일 것이다.

이것과는 명백하게 모순되는 것이, 유럽보다 미국에서 국가의 활동이 더 제약을 받는다는 점이다. 전신, 전화, 철도, 학교가 대부분 사유화되어 있다는 사실은 유럽인에게 놀라운 일이다.

내가 방금 언급한 대로, 개개인의 사회의식이 보다 강하기에 이런 일이 미국에서 가능한 것이다. 부의 분배가 극단적으로 불공평한데도, 견디기 힘들 정도의 궁핍으로는 이어지지 않는 것도 이런 태도가 만들어 내는 결과이다.

미국의 부자들이 유럽보다 훨씬 높은 수준의 사회적 양심을 지니고 있다. 부자들은 재산으로, 때로는 행동으로 공동체에 기여하는 것을 당연하다고 생각하며, 여론이라는 전능한 권력도 그렇게 명령한다. 그런 이유로 미국에서는 가장 중요한 문화적 기능들이 사기업의 손에 맡겨지고 국가의 역할이 유럽에 비해 상당히 제한되는 것이다.

금주법 때문에 미국 정부의 위신은 땅에 떨어졌다. 시행할 수도 없는 법을 통과시키는 정부는 국민의 존경을 받을 수 없고, 법을 존중하는 마음도 해친다. 미국에서 범죄가 위험 수위로 증가하는 것이 금주법과 깊은 관련이 있다는 것은 공공연한 비밀이다.

내가 생각하기에 금주법은 다른 면에서도 국가를 쇠약하게 하는 역할을 했다. 선술집은 공공의 사건에 대해 사람들이 서로 생각과 견해를 나누는 공간이다. 내가 아는 한, 미국인들은 이런 기회를 전혀 가지지 못한다. 그 결과, 눈앞의 이익을 좇아 움직이는 언론이 여론에 대해 과도한 영향력을 행사하는 것이다.

돈을 과대평가하는 현상이 아직은 유럽보다 이곳에서 더 심하지만, 앞으로는 달라질 것으로 보인다. 행복하고 만족스러운 삶을 위해 엄청난 재산이 필요한 건 아니라고 이제 깨닫기 시작했기 때문이다.

예술의 관점에서는, 현대적인 건물과 일상용품에 드러나는 멋진 취향이 아주 인상적이었다. 반면, 유럽에 비해 시각 예술과 음악은 생활 속에 자리 잡지 못한 듯했다.

미국의 과학 연구 기관이 이룬 업적을 나는 대단히 존경한다. 미국이 연구 성과에서 점점 앞서 나가는 것이 오로지 남보다 부유한 덕분이라고 생각하고 싶겠지만, 이는 옳지 않다. 열의, 인내, 동료 의식, 그리고 협력하는 능력이 미국의 성공에 중요한 역할을 하고 있다.

내가 관찰한 바를 한 가지 더 전하면서 얘기를 마무리하고 자 한다.

미국은 현재 가장 강력하고 기술이 진보한 나라이다. 국제 관계의 형성에서 미국의 영향력은 절대적이다. 그러나 미국이 넓은 나라여서인지, 그 국민은 최우선 과제인 군비 축소를 포함해 비중 있는 국제 문제에 관해 아직 이렇다 할 관심을 보이지 않고 있다. 미국인 자신의 이익을 위해서라도 이런 태도는 반드시 바꾸어야 한다.

지난 전쟁을 통해, 대륙 사이에 더 이상 장벽은 존재하지 않으며, 모든 나라의 운명이 긴밀히 얽혀 있음을 보았다. 미국 국민은 국제 정치 영역에서 자신에게 주어진 책임이 막중하다는 걸 깨달아야 한다. 수동적인 구경꾼 역할은 미국에게 의미가 없으며, 결국 모두에게 재앙을 가져올 뿐이다.

- 1921년 네덜란드 신문과의 인터뷰

미국의 여성들에게 보내는 답신*

　나는 이제까지 이렇게 강력한 거부 반응을 여성으로부터 받아본 적이 없다. 혹 있었다 하더라도 이렇게 수많은 여성으로부터 한꺼번에 받은 적은 없다.

　그런데 이 깨어 있는 여성 시민들의 의견에 틀린 데가 없지 않은가? 그 옛날 그리스의 감미로운 소녀들을 집어삼키던 크레타의 미노타우로스 같은 왕성한 식욕으로 비정한 자본주의자를 먹어 치우는 사람에게, 게다가 모든 전쟁을 거부하면서도 아내와의 전쟁만큼은 피하지 않을 정도로 비열한 사람에게 문을 열어줄 이가 누구겠는가?

---

*1921년 아인슈타인의 첫 미국 방문을 앞두고, 규모는 작아도 활동적이었던 여성 애국단은 "빨갱이"라고 규탄하며 그의 입국을 거부하는 운동을 벌였다. 이들은 16쪽에 이르는 공소장에 "미국 체제에 위협이 되는 공산주의자"라며 기소를 하기도 했다. 아인슈타인은 처음에는 그저 묵과하다가 익살맞은 본문의 글을 발표하여 적대자들을 격분시켰다.

그러니 여러분의 현명하고 애국심 넘치는 여성 동지에게 귀기울이라. 그리고 한때 위대한 로마를 구한 것이 충직한 거위 떼의 울음소리*였다는 사실을 기억하라.

-『베를리너타게블라트』1921년 7월 7일

---

* 기원전 4세기에 이르러 로마는 이탈리아 반도 중부에서 지배적인 세력으로 성장했다. 하지만 아직까지 세력 기반이 튼튼하지 못했고, 외부의 위협에도 취약한 상태였다. 기원전 390년 북쪽에서 갈리아족(族)이 밀고 내려오자, 로마 시민들은 유노 여신의 신전이 있는 카피톨리누스 언덕으로 피신했다. 어느 날, 갈리아 병사들은 로마인들이 모두 잠든 한밤중을 틈타 언덕을 기어오르기 시작했다. 초병들마저 졸음에 빠져 갈리아 군대의 공격을 전혀 눈치 채지 못했다. 바로 그때, 유노 여신 신전의 성스러운 거위들이 시끄럽게 울어대기 시작했다. 거위울음 소리에 깨어난 로마인들이 갈리아 병사들에 맞서 싸워 도시를 지킬 수 있었다.

제 2 장

정치와 평화주의

노동자들 사이의 경쟁이 건전한 한계를 넘지 않아야 하고,

모든 아이들에게 건강하게 자랄 수 있는 기회가 주어져야 하며,

임금은 소비재의 가격을 감당할 수 있을 만큼 높아야 한다는 것.

이 모든 것이 국가가 반드시 해야 할 일입니다.

여성과 전쟁

다음번 전쟁에서는 남자들 대신 애국 여성들을 전선으로 보내야 한다고 생각한다. 그렇게 하면, 혼란이 무한 반복되는 이 따분한 지구에 최소한 참신한 일 하나가 생기는 것이다. 게다가, 여성들이 가진 그런 영웅심이 무방비의 시민* 하나를 공격하는 것보다 더 독창적인 배출구를 가지면 안 될 이유라도 있는가?

---

* 아인슈타인 자신을 지칭한다.

평화

이전 세대의 진정한 위인들은 국제 평화를 확보하는 일이 얼마나 중요한지 인식하고 있었다. 그러나 우리 시대에 이르러 기술이 진보하면서, 지난날 윤리의 문제였던 것이 삶과 죽음을 가르는 문제로 바뀌어버렸다. 그리고 평화 문제 해결에 적극 나서는 것이 양심을 가진 사람이라면 피해 갈 수 없는 도덕적 의무가 되었다.

무기 생산에 이해가 걸려 있는 막강한 산업 세력들이 국제 분쟁의 평화적인 해결을 막으려고 모든 노력을 다하고 있다는 사실을 알아야 한다. 그리고 다수의 국민이 열광적으로 지지할 거라는 확신이 있어야만, 통치자가 평화라는 위대한 목적에 이를 수 있다는 점을 깨달아야 한다. 민주 정부 시대에 국가의 운명은 국민 스스로의 손에 달려 있다. 우리 한 사람 한 사람이 언제나 명심해야 할 사실이다.

평화주의자의 문제

신사 숙녀 여러분,

평화주의에 관해 몇 마디 얘기할 기회가 생겨 매우 기쁩니다.

지난 몇 년간 벌어진 일련의 사태를 통해, 우리는 군비 확충 및 전쟁에 반대하는 투쟁을 정부에 맡겨 놓으면 절대 안 된다는 것을 다시 한 번 깨달았습니다. 그렇다고 많은 회원을 거느린 거대 조직을 결성하는 것만으로 우리의 목표에 다가갈 수 있는 것은 아닙니다.

저의 의견으로는, 극단적이긴 하지만 양심적 병역 거부가 이 상황에서 최선이며, 조직은 각국의 용감한 병역 거부자를 물심양면으로 지원하면서 함께해야 합니다. 이런 방법으로 우리는 평화주의를 첨예한 문제로, 단호한 의지를 가진 사람들을 끌어들이는 진정한 투쟁으로 부각시킬 수 있을 것입니다.

병역 거부는 불법 투쟁입니다. 그러나 시민에게 범죄 행위를 요구하는 정부에 맞서 사람들의 진정한 권리를 지키기 위한 투쟁이기도 합니다.

스스로를 선량한 평화주의자라고 생각하는 많은 사람들이 애국심을 들어 이런 극단적인 평화주의에 난색을 표할 것입니다. 그런 사람은 위기의 순간에 의지할 수 있는 사람이 아닙니다. 세계대전이 이를 충분히 증명해 주었습니다.

저의 견해를 여러분에게 직접 표명할 수 있는 기회를 주셔서 대단히 감사합니다.

학생 군축 회의에서 행한 연설

앞선 세대는 우리에게 고도로 발전된 과학과 기계 지식이라는 매우 소중한 선물을 주었습니다. 덕분에 이전 어느 세대도 누리지 못한, 자유롭고 아름다운 삶을 누릴 수 있는 가능성이 생겼습니다. 그러나 이 선물에는 이전의 어떤 위협보다도 강력하게 우리의 존재를 위협하는 요소 또한 존재합니다.

우리가 얼마만한 도덕성을 발휘하느냐가 그 어느 때보다 중요합니다. 바로 거기에 문명화된 우리 인류의 운명이 달려 있기 때문입니다. 그러므로 우리 시대에 주어진 과제는, 우리 직전 세대가 성공적으로 수행한 과제보다 쉽지 않은 것이 사실입니다.

전 세계가 이제는 필요로 하는 식품류나 기타 상품을 이전보다 훨씬 짧은 시간의 작업으로 생산할 수 있습니다. 그러나 이로 인해 노동 분업과 생산품의 분배 문제가 훨씬 어렵게 되었습니다. 개인이 아무런 규제와 제지를 받지 않고, 부와 권력을 추구하는 자유방임의 경제 논리로 이 문제를 적당히 해결할 수 있을 거라는 기대는 이제 접어야 합니다.

생산, 노동, 분배는 확실한 계획에 따라 체계적으로 이루어져야 합니다. 그래야만 소중한 생산력이 낭비되지 않고, 가난 때문에 사람들이 다시 야만의 상태에 빠지는 것을 막을 수 있습니다. 억제되지 않은 신성한 이기주의(sacro egoismo)가 경제생활에 재앙과 같은 결과를 초래한다면, 국제관계에서는 훨씬 나쁜 길잡이가 될 것이 분명합니다.

전투용 기계가 발달한다는 것은, 만약 전쟁을 방지하는 방법을 금방 찾아내지 못할 경우, 인간의 생명이 위태로워진다는 것과 같은 뜻입니다. 전쟁 방지가 중요한데도 지금까지 그 중요성에 값하는 노력은 없었습니다.

사람들은 군비를 제한하고 전쟁 수행에 규제를 두는 것으로 위험을 최소화하려 합니다. 그러나 전쟁은 참가자가 규칙을 충실하게 지키는 실내 게임이 아닙니다. 생사가 걸려 있는 곳에서 규칙은 무의미합니다. 모든 전쟁을 절대적으로 거부하는 것이 유일한 방법입니다.

국제중재재판소를 만드는 것으로는 부족합니다. 모든 국가가 일치단결하여 재판소의 결정을 이행하도록 보장하는 조약을 체결해야 합니다. 그런 보장이 없다면, 진정으로 무장 해제를 하겠다는 국가도 없을 것입니다.

예를 들어, 미국·영국·독일·프랑스 정부가 일본 정부에게 중국에서의 전쟁 행위를 즉각 중단하지 않으면 철저한 경제적 보이콧이 있을 거라고 위협했다고 가정해 봅시다. 그런 위험한 모험을 감당하겠다고 나서는 관리가 일본 정부에 과연 있었을까요?

그런데 왜 아무도 그런 위협을 하지 않았을까요? 왜 모든 개인과 국가가 스스로의 생존을 두고 전전긍긍하고 있을까요?

초라한 찰나의 이익에 매몰되어 공동체의 안녕과 번영을 우위에 두지 않기 때문입니다.

오늘날 인류의 운명이 도덕성에 달려 있다는 말로 연설을 시작한 이유가 여기에 있습니다. 모두가 스스로 절제하고 욕심을 내려놓아야 즐겁고 행복해질 수 있습니다.

이런 변화의 과정을 이끌어 갈 힘은 어디서 오는 걸까요?

어릴 때부터 공부를 통해 정신을 단련하고 세계관을 확장시

킨 사람만이 이 힘을 지니고 있습니다. 그러니 이미 늙어버린 우리 세대는 여러분에게 기대를 걸 수밖에 없습니다. 온 힘을 다해 노력하여 우리가 이루지 못한 것을 여러분이 성취해 주기 바랍니다.

- 1930년께 독일의 평화주의 학생 그룹에게 한 연설

지그문트 프로이트*

친애하는 프로이트 교수에게,

진리를 파악하려는 열망이 당신 안에 있는 다른 모든 욕망을 넘어서는 모습은 존경스럽기 그지없습니다. 인간의 심리에서 호전적이며 파괴적인 본능과 생식 및 생존의 본능이 불가분의 관계라는 것을 당신은 반박할 수 없을 정도로 명백하게 보여주었습니다. 동시에, 내·외적으로 모두 전쟁에서 해방되는, 그 위대한 정점을 향한 인류의 짙은 갈망이 거침없는 논리로 무장한 당신의 논문에서 빛나고 있습니다.

이것은 예수 그리스도에서 괴테와 칸트에 이르기까지, 시대와 국가의 한계를 초월하여 도덕과 정신의 지도자로 추앙

---

* Sigmund Freud(1856~1939). 1932년 국제연맹이 아인슈타인에게 "인간에게 가장 중요하다고 생각되는 문제를 선택하고, 그 문제를 물어보고 싶은 상대도 선택해 달라"고 제안하였다. 아인슈타인은 '전쟁'과 정신분석학자 '프로이트'를 지목하여 공개적으로 서신을 교환했다.

받는 이들이 예외 없이 목표로 삼은 것입니다. 인류의 운명을 바로잡으려는 그들의 노력이 별 성공을 거두지 못했음에도 불구하고, 지도자로 널리 인정받는다는 사실이 의미심장하지 않습니까?

비록 제한된 영역에서일지라도, 동시대인을 능가하는 성취를 이룬 위대한 사람들은 똑같은 이상에 고무된다고 저는 확신합니다. 그러나 그들은 정치적 사건에는 거의 영향력이 없습니다. 국가의 운명이 걸린 정치가 폭력과 무책임의 손에 내맡겨지는 것이 필연으로 느껴질 지경입니다.

정치 지도자나 정부는 무력에 의지하거나, 혹은 대중의 선출로 그 자리에 오른 것입니다. 그들이 도덕과 지성에서 해당 국가의 최고 집단을 대표한다고 볼 수는 없습니다. 오늘날 지적 엘리트는 국가의 역사에 아무런 영향도 끼치지 못합니다. 동시대의 문제를 해결하는 일에 직접적인 역할을 해내기에는 응집력이 부족한 것입니다.

현재까지의 연구나 업적에 비추어 그 능력과 순수성을 보장할 수 있는 사람들이 자유롭게 연합하면 변화가 생기지 않겠습니까? 일단 국제 규모의 연합이 결성되면, 구성원은 언론을 통해 입장을 명확히 밝히는 것으로 서로의 의견을 끊임없이 공유하고, 공표된 의견에 대해서는 어떤 경우에도 스스로 책임을 져야 합니다. 그렇게 하면 정치 현안을 해결하는 데 도덕적으로 의미가 있고, 또한 무시할 수 없는 영향력을 발휘하게 될 것입니다.

물론 이런 식의 연합은, 학계를 흔히 타락의 길로 이끄는 온갖 병폐의 희생물이 될 가능성도 당연히 있습니다. 인간 본성이 불완전하기에 감당할 수밖에 없는 위험이지요. 그렇지만 위험을 무릅쓰고라도 노력은 해야 하지 않겠습니까? 저는 이런 시도야말로 우리에게 내려진 명령과도 같은 의무라고 생각합니다.

제가 설명한 대로 수준 높은 지적 연합이 만들어진다면, 전쟁 반대 투쟁에 종교 조직이 참가하도록 노력하는 것도 그 연합이 당연히 해야 할 일이겠지요. 우울한 체념에 빠져 스스로의 선의에 대해 무력감을 느끼는 많은 사람에게 격려가 될 것입니다.

마지막으로, 제가 설명한 것처럼 자신의 분야에서 존경받는 인물로 구성된 연합은 존재만으로도 국제연맹에 힘이 될 것입니다. 위대한 목적을 위해 현장에서 일하고 있는 연맹의 구성원들에게 소중한 도덕적 지지가 되는 것입니다.

세상 누구도 아닌 바로 당신에게 이 제안을 하고 싶습니다. 당신은 결코 자기 욕망에 속는 얼간이가 아니기 때문이며, 또한 자신의 비판적인 의견을 성실한 책임감으로 입증하고 있기 때문입니다.

징병제도

독일에 징병제 도입을 허가하기는커녕 오히려 다른 모든 나라에서 그 권한을 빼앗아야 한다. 이후 용병 이외에 어떤 것도 허용해서는 안 되며, 용병의 규모와 장비에 대해서는 제네바에서 협의해야 한다.

프랑스 입장에서는, 독일에 징병제를 허용해야 하는 상황보다 나을 것이다. 이렇게만 되면, 군사 교육이 사람들의 심리에 치명적인 영향을 끼치는 것을 막고, 군사 교육에 수반되게 마련인 개인 인권의 침해도 피할 수 있다.

게다가 양국은 상호 관계에서 발생하는 모든 분쟁의 해결을 위해 강제 조정에 합의했으니, 양국의 용병 군대시설을 통합하여 혼성의 단일 조직으로 운영하기가 훨씬 용이할 것이다. 단일 조직을 구성하면 재정 부담도 덜 수 있고 양국의 안전도 더불어 강화될 것이다.

　이런 식의 합병 과정은 점점 더 폭넓은 결합으로 확장되어 마침내 '국제경찰'의 탄생으로 이어질 수 있다. 국제경찰은 국제 사회의 안전이 강화되면 당연히 사라져 갈 것이다.

　새로운 일을 도모한다는 기분으로 친구들과 이 제안을 토론해 보기 바란다. 물론 이 제안만 고집하겠다는 생각은 조금도 없다. 그러나 우리가 긍정적인 안을 내놓는 것이 아주 중요하다는 생각만은 확고하다. 부정적인 정책에서 실제 도움이 되는 결과를 이끌어 내기는 어렵다.

독일과 프랑스

프랑스와 독일 간의 상호 신뢰와 협력은 군사 공격으로부터 안전을 담보하려는 프랑스 측 요구가 충족되어야 가능하다. 그러나 이에 부합하는 요구 조건을 프랑스 측이 입안한다면, 독일이 좋게 받아들일 리가 없다.

그렇지만 다음과 같은 수순은 가능해 보인다.

일단 독일 정부가 자진하여 프랑스 정부에 제안하는 형식을 취한다. 이때 제안의 내용은, 국제연맹에 공동 대표를 파견하여 회원국들이 다음과 같은 서약에 동참하도록 하자는 의사를 전달하는 것이다.

1. 국제중재재판소의 모든 결정에 승복할 것.

2. 평화를 해치거나 세계 평화를 위해 내려진 국제 결정에 저항하는 국가에 대해서는, 회원국들이 협력하여 경제와 군사 양면에서 모든 영향력을 행사할 것.

중재

　단시간에 이루어지는 체계적인 군비 축소.

　이것은 개별 국가의 안전을 보장하는 전원 합의가 있어야만 가능하다. 합의는 각국 정부의 영향에서 자유로운 상설 중재 재판소를 통해 이루어진다.

　중재재판소의 결정을 인정하는 데서 그치는 게 아니라, 실행 되도록 하는 것이 모든 국가의 무조건적 의무.

　유럽 대 아프리카, 미국, 아시아에 대한 각각의 중재재판소 (대 호주 재판소는 이 중 하나에 배분). 이들 세 지역 내에서 해결 할 수 없는 문제를 다룰 공동 중재재판소.

과학의 국제성

민족과 정치의 광기가 최고조에 이른 전쟁의 시기에, 학회에 참석한 에밀 피셔는 단호한 목소리로 이렇게 말했다.

"어쨌거나, 여러분, 과학은 국제적이며, 앞으로도 늘 그럴 것입니다."

진정으로 위대한 과학자들은 언제나 이 사실을 알고 있었을 뿐 아니라 가슴으로 느끼고 있었다. 정치적으로 혼란한 시기면, 늘 자질이 부족한 동료에 둘러싸인 채 자국에 고립되어 있었을 텐데도 말이다.

의결권을 가지고 있는 어리석은 다수가 신성한 신뢰를 배반하는 일이 전쟁 중 모든 지부에서 일어났다. 국제적인 학술계는 깨져버렸다. 구 적국의 동료들을 배제한 채 회합을 가졌으며, 그런 일은 지금도 일어나고 있다. 무척 진지한 척했지만, 결국은 정치적 계산이 숨어 있었기 때문에 순전히 객관적인 사고로는 이길 수가 없었다. 객관적 사고를 하지 않으면 우리의 위대한 목적은 좌절할 것이다.

올곧은 정신을 가진 사람들, 찰나의 유혹을 이겨 낼 수 있는 사람들이 상처를 치유하기 위해 할 수 있는 일은 무엇일까?

대다수의 학자들이 여전히 흥분을 가라앉히지 못한 상태에서, 진정한 의미의 대규모 국제회의는 개최될 수 없다. 소수의 사람들이 포용력 있는 생각과 감정으로 극복해 내기에는, 국제 과학자 연합 복원에 대한 심리적 저항이 아직은 너무나 강력하다. 이들 소수의 사람들이 국제 사회를 건강하게 복원하는 데 이바지하는 방법은, 같은 생각을 가진 세계의 학자들과 긴밀히 교류하면서 자기 분야에서만이라도 국제적 대의를 결연히 수호하는 것이다.

창대한 성공은 더디더라도 틀림없이 온다. 이번 기회에 꼭 하고 싶은 말이 있다. 이 힘든 시기를 살면서도 지식인 단체를 보존하려는 열망을 가슴에 그대로 간직해 준 다수의 우리 영어권 동료들에게 특별히 경의를 표한다.

어디서든, 개인이 가진 성향이 어떤 공개 선언보다 중요하다. 올곧은 마음을 가진 사람들은 이 사실을 명심하고, 잘못된 길로 빠진다거나 분노에 싸이는 일이 없도록 자신을 지켜야 한다. 원로원 의원들은 모두 착하나 원로원은 사악한 짐승이다.

아직도 내가 국제 조직의 전반적인 발전에 대해 확실한 희망을 가지고 있다면, 그 감정은 동료들의 지성과 고결함을 믿어서라기보다는 경제 발전을 향한 거부할 수 없는 흐름을 느끼기 때문일 것이다. 경제 발전에는 반동적인 과학자의 연구조차 반드시 필요하므로, 그들 역시 원하지 않더라도 국제 조직 창설에 도움을 주게 될 것이다.

- 1922년 정월 초하루 혹은 이전에 쓴 글

지식인 협력 기구

기존 정치 영역 간에 벌어지는 비밀스런 투쟁이 종식되어야만 유럽 지역이 다시 번성할 수 있다는 진실을 마주한 유럽의 정치 지도자들이 올해 처음으로 논리적인 결론을 도출해 냈다. 즉, 유럽의 정치 조직이 강화되어야 하며, 관세 장벽을 제거하려는 점진적인 시도가 있어야 한다는 것이다.

협정만으로 이런 원대한 목표를 이룰 수는 없다. 무엇보다, 국민들이 마음의 준비를 해야 한다. 국민들의 마음속에서 연대감을 일깨우는 노력을 서서히 해 나가야 한다. 연대감은 지금까지처럼 국경의 장벽 앞에서 멈춰버리는 것이어서는 안 된다.

이런 의도에서 국제연맹은 지식인협력위원회를 출범시켰다. 이 위원회는 순수하게 비정치적인 권한을 가진 명실상부한 국제 조직으로서, 전쟁이 고립시켰던 모든 국가의 지성인을 연결하는 역할을 하게 된다.

어려운 과업이다. 슬픈 일이지만, 최소한 내가 잘 아는 국가의 예술가와 학자들은 일반인에 비해 훨씬 심하게 편협한 민족주의 정서를 지니고 있음을 인정할 수밖에 없기 때문이다.

지금까지 위원회는 1년에 두 번씩 모임을 가졌다. 위원회의 노력에 힘을 보태고자 프랑스 정부는 지식인 협력을 위한 상설 기구를 창설하고 유지하기로 결정했으며, 곧 문을 열 예정이다. 프랑스 입장에서는 너그러운 조치이니 모두가 감사할 일이다.

축하하고 칭송하면서, 유감스럽거나 탐탁지 않은 일에 대해 침묵하면 편하고 기분도 좋을 것이다. 그러나 우리의 과업을 진척시킬 수 있는 것은 정직뿐이다. 그래서 나는 이 갓 태어난 생명에게 축하 인사와 더불어 비판도 주저하지 않겠다.

위원회의 정치적 불편부당함을 믿을 수 없는 것이, 우리 위원회가 과업을 수행하는 과정에서 부닥치게 될 가장 큰 장애라고 나는 기회가 닿을 때마다 강조하고 있다. 신뢰를 강화하기 위해서라면 무슨 일이든 해야 하고, 신뢰를 해치는 일은 무조건 피해야 한다.

프랑스 정부가 공공 자금으로 파리에 위원회의 상설 조직을 세우고 유지하면서 프랑스인을 그 책임자로 임명한다면, 외부 인사들은 위원회에 프랑스의 영향이 두드러지리라는 인상을 지울 수 없을 것이다. 이제껏 위원회의 의장 역시 프랑스인이 었던 탓에 이런 인상은 더욱 굳어질 것이다. 해당 인물들은 물론 최고의 명성을 누리며 어디서든 사랑받고 존경받는 사람들이지만, 그렇다고 달라지지는 않는다.

할 말을 했으니 내 영혼은 구했도다(Dixi et salvavi animam meam).[*]

새로 출범하는 기구가 위원회와 지속적으로 상호 작용하면서 공동의 목표를 널리 알리고, 전 세계 지식인들의 신뢰와 인정을 받는 데 성공하기를 진심으로 기원한다.

- 1926년께 쓴 글

---

[*] 가톨릭에서 고해성사에 관용적으로 쓰이는 기도문. 칼 마르크스가 『고타 강령 비판』에서 인용한 구절로 유명하다.

군비 축소 문제

군비 축소 계획이 성공하는 데 최대의 걸림돌은, 사람들이 이 문제가 가진 주요 난점을 고려하지 않았다는 점이다. 대부분의 목표는 천천히 점진적으로 이루어진다. 절대 왕정이 민주주의로 대체되는 과정이 그랬다. 그러나 지금 우리는 점진적인 방법으로는 이룰 수 없는 목표를 마주하고 있다.

전쟁의 가능성이 남아 있는 한, 다음 전쟁에서 승전국으로 부상하기 위해 각국은 최대한 완벽하게 준비된 군대를 유지하려고 할 것이다. 또한 전쟁 분위기에서 젊은이를 교육할 것이며, 호전성을 미화하면서 그들에게 편협한 민족적 자만심을 불어넣을 것이다. 전쟁을 수행하려면 호전 정신이 필요하고, 그날을 위해 시민은 준비되어 있어야 하기 때문이다.

무기를 든다는 것은, 평화가 아니라 전쟁을 외치며 준비하는 것이다. 점차 무기를 버리는 일 따위는 일어나지 않는다. 단번에 버리거나 아예 버리지 않거나 둘 중 하나이다.

국민의 삶에 지대한 변화를 가져오려면 뼛속 깊이 새겨진 전통과 결별하려는 크나큰 도덕적 노력이 전제되어야 한다. 분쟁 상황에서 자국의 운명을 국제중재재판소의 결정에 전적으로 맡기고, 그 결정에 따라 거리낌 없이 조약을 맺을 준비가 되어 있지 않은 사람은 진심으로 전쟁을 막겠다는 결심이 서지 않은 사람이다. 이것은 양자택일의 문제이다.

평화를 확보하려던 이전의 시도는 어정쩡한 타협을 목표로 했기에 실패했다는 것을 부인할 수 없다.

군비 축소와 안보는 함께 가야 한다. 안전을 보장하는 하나의 방법은, 국제적 권위를 가진 결정을 반드시 이행하겠다고 모든 나라가 약속하는 것이다.

우리는, 그리하여, 갈림길에 섰다. 평화의 길을 찾아 나설지, 아니면 우리 문명에 어울리지 않는 야만적 폭력의 옛길을 계속 따라갈지는 우리 자신에게 달렸다. 한쪽에선 개인의 자유와 사회의 안전이 우리를 부르고 있고, 다른 한쪽에선 개인의 굴종과 문명의 절멸이 우리를 위협하고 있다. 우리가 어떤 자격을 가지고 있느냐에 따라 우리의 운명은 결정될 것이다.

안녕을 고하며

친애하는 뒤푸르-페롱스[*] 씨에게

귀하의 친절한 편지에는 답장을 꼭 해야겠습니다. 아니면 제 생각을 오해하실 것 같아서입니다. 제가 더 이상 제네바에 가지 않겠다고 결심한 이유는 다음과 같습니다.

전반적으로 위원회에는 국제관계 개선의 임무를 진척시키고자 하는 진지한 의사가 없다는 것을, 불행하게도, 경험으로 알게 되었습니다. 오히려 '뭔가 하는 것처럼 보이도록(ut aliquid fieri videatur)'이라는 신조를 구현하고 있다고나 할까요. 위원회가 이런 임무에 대해 연맹보다도 훨씬 소홀한 듯합니다.

---

[*] Albert Dufour-Feronce(1868~1945). 당시 독일 외무성의 고위 관리로, 뒤에 국제연맹 사무차장이 되었다. 아인슈타인은 1923년 국제연맹의 무력함에 실망해 지식인협력위원회를 탈퇴했다. 하지만 독일의 국수주의자들이 그의 탈퇴를 국제연맹에 반대하는 선전에 악용하자, 이듬해 위원회에 재가입했다.

저는 국가를 초월한 권한을 가진 국제 규모의 조정 및 규제 기구의 설립을 위해 전력을 다하고 싶고, 이 소망은 너무나 간절합니다. 제가 위원회를 떠날 수밖에 없다고 느끼는 이유가 여기에 있습니다.

위원회는 각국에 국가위원회를 따로 설립하도록 하고, 그것이 그 나라 학자와 위원회 사이의 유일한 소통 창구가 되게 함으로써 모든 나라에서 문화적 소수자에 대한 압제를 용인하는 결과를 가져왔습니다. 이로써 위원회는 압제에 저항하는 수수 민족에게 도덕적 지지를 보내는 본래의 기능을 의도적으로 방기한 셈입니다.

게다가 위원회는, 여러 나라의 교육에 나타나는 맹목적 애국주의와 군국주의 경향을 제거하는 일에 너무나 미지근한 태도를 보였습니다. 그래서 본질에 관한 중요한 문제에 대해, 위원회가 진지한 노력을 하리라는 어떤 기대도 할 수 없게 되었습니다.

국제 질서를 도모하는 한편 군사체제 저항에 투신해 온 개인과 협회를 도덕적으로 지원하는 것이 위원회의 임무입니다. 그런데 위원회는 임무에 성공한 적이 없습니다.

위원회가 나아가야 할 방향과 정반대의 성향을 가지고 있는 인물이 임용되어도 위원회는 이를 막기 위한 어떤 시도도 하지 않았습니다.

더 이상의 논의로 귀하께 걱정을 끼칠 생각은 없습니다. 제가 드린 몇 가지 힌트만으로도 제 결심을 충분히 이해하셨으리라 믿습니다. 고발장을 쓰려는 게 아니라 제 입장을 설명하고 싶은 것뿐입니다.

혹시라도 제 입장이 달라질지 모른다는 희망을 품게 해 드렸다면, 이제는 분명히 아셨을 것입니다.

- 1923년 지식인협력위원회의 위원직을 사퇴하며 보낸 편지

The World as I See It

1932년의 군축 회의

I

정치적 신념 하나를 소개하면서 글을 시작해 볼까 한다.

국가가 개인을 위해 존재하는 것이지, 개인이 국가를 위해 존재하는 것은 아니다. 이런 점에서 과학은 국가를 닮았다.

지금은 누구나 아는 격언처럼 되었지만, 개성을 인간의 최고 선이라고 믿는 사람들이 시작한 말이다. 언제고 이 말이 기억 저편으로 사라져버릴지도 모른다는 염려가 없었다면 내 입으로 다시 반복하는 일은 없었을 것이다. 지금처럼 조직과 체계가 지배하는 시절에는 특히 더 잊히기 쉽다. 개인을 보호하고 창의성 개발의 기회를 제공하는 것이 국가의 중요한 임무라고 나는 생각한다.

다시 말하자면, 우리가 국가의 노예가 되는 게 아니라 국가가 우리의 종복이 되어야 한다. 국가가 강제로 우리를 군대와 전쟁에 내모는 것은 이 명령을 위반하는 것이다. 노예 상태에서 떠맡은 임무의 목적과 결과가 다른 나라 국민을 살상하는 것이거나 그들이 발전할 수 있는 자유를 해치는 것이라면 더욱 그러하다.

우리는 개인의 자유로운 발전을 진작하는 일인 경우에만 국가에 대해 희생의 의무를 진다. 미국인에게는 이 모든 것이 지루한 이야기겠지만, 유럽인에게는 다르다. 그래서 우리의 전쟁 반대 투쟁에 미국인들의 강력한 지지를 희망하는 것인지도 모르겠다.

이제 군축 회의 얘기로 넘어가 보자. 이 문제를 생각하면서 웃어야 할지, 울어야 할지, 아니면 희망을 가져야 할지….

부정직하고, 싸우기 좋아하며, 과격한 시민들이 사는 도시를 상상해 보라. 끊임없이 생명을 위협받는 가운데, 시민들은 이 상황이 어떤 건강한 발전도 불가능하게 만드는 심각한 장애 요인이라고 느끼게 된다. 법률 고문과 시민들 모두 단검을 계속 허리춤에 차고 다녀야 한다고 고집하지만, 치안 판사는 이런 끔찍한 상황을 해결하고 싶다. 몇 년을 준비한 끝에 치안 판사는 타협안을 내기로 결정하고, 외출 시 벨트에 착용할 단검의 길이와 날카로움을 어느 선에서 허가해야 하는가라는 질문을 제기한다.

그러나 법률, 재판, 경찰력을 아무리 동원해도 시민 스스로가 칼을 휘두르고 싶은 충동을 눈치껏 억제하지 않는다면, 상황은 당연히 예전과 다름없이 흘러간다. 허가할 수 있는 단검의 길이와 예리함의 기준을 정하는 일은 가장 힘세고 사나운 자를 도울 뿐, 약한 자는 여전히 그들의 자비에 목숨을 맡길 수밖에 없는 것이다.

이 우화의 의미는 모두 이해할 것이다.

우리에게 국제연맹과 중재재판소가 있기는 하다. 그러나 연맹은 집회 장소 이상의 역할을 하지 못하고 있으며, 중재재판소에는 판결을 집행할 수단이 없다. 이들 기구는 공격받는 나라가 있어도 전혀 보호막이 되어주지 못한다. 이 사실을 이해한다면, 안전 보장 없이 무기를 버릴 수 없다는 프랑스의 태도에 대해 지금보다는 좀 더 관대해질 수 있을 것이다.

중재재판소의 판결을 공개적으로, 혹은 내심 거부하는 국가에 대해서는 공동 대응을 통해 해당 국가의 주권을 제한하기로 모두가 동의해야 한다. 그렇지 않으면, 전 세계적인 무정부

상태와 공포에서 결코 헤어날 수 없다.

한 나라가 아무런 제약 없이 주권을 행사하게 되면, 다른 어느 나라는 안보에 위협을 느낄 수밖에 없다. 이 둘을 조화시키는 것은 어떤 재주로도 불가능하다. 국제재판소의 결정을 모든 나라가 책임지고 이행하게 만들려면, 또 한 번 재앙을 겪어야 하는 것인가?

지금까지 일이 진행되는 상황을 보니, 가까운 미래에 개선될 희망이 거의 없다. 그러나 문명과 정의를 소중하게 생각하는 사람이라면, 진심을 다해 주변을 설득해야 한다. 그래서 모든 국가가 이런 종류의 국제적 책무를 지는 게 당연하다는 신념을 가지게 만들어야 한다.

이에 맞서는 주장도 있을 수 있다. 국제기구의 능력을 과대평가하여 심리적인, 혹은 도덕적이라 해도 좋을 요소를 무시한다는 주장이 그것이다. 어느 정도 정당한 주장이기도 하다. 정신적인 무장 해제가 물리적 무장 해제에 선행해야 한다고 그들은 주장한다. 더 나아가 그들은 국제 질서의 최대 장애가 괴물처럼 부풀려진 민족주의라고 진심으로 이야기한다.

민족주의는 '애국심'이라는 듣기 좋은 이름으로 불리기도 하지만, 이는 잘못이다. 지난 150년 동안 이 우상은 기묘하고도 극히 파괴적인 힘을 모든 곳에서 서서히 키워 왔다.

이 주장의 가치를 판단하려면, 외부의 사회 조직과 내부의 심리 상태가 상호 보완 관계에 있음을 먼저 이해해야 한다. 사회조직이란 전통 정서에 기대어 태어나고 존속하는 것인데, 그렇게 존재하게 된 조직은 이제 역으로 국민 정서에 강력한 영향력을 행사하는 것이다.

현재 도처에서 민족주의가 통탄할 수준으로 고조된 것이 징병제도, 좀 순화해서 말하자면 국군 제도와 밀접한 관련이 있다고 생각한다. 주민에게 병역을 요구하는 나라는 필연적으로 그들에게 민족주의 정신을 심으려 한다. 민족주의 정신은 군의 효율성에 심리적 기반을 제공한다. 민족주의를 신앙처럼 받들면서, 국가는 자신의 무기인 야만적 폭력을 자국 학생들이 흠모하게끔 만들어야 하는 것이다.

그러므로 징병제의 도입은 백인의 도덕적 붕괴를 초래한 주요 원인이며, 우리 문명의 존속뿐만 아니라 우리의 생존에 위협이 된다고 생각한다. 프랑스 혁명으로 우리 사회는 엄청난 은혜를 입었지만, 징병의 저주도 그와 함께 시작되었다. 그리고 모든 나라가 이 저주의 대열에 합류하는 데는 오랜 시간이 걸리지 않았다. 그러므로 사해동포 정신을 키우고 맹신적 애국주의에 맞서 싸워야 한다고 믿는다면 징병제에 반대하는 입장을 취해야 한다.

오늘날 양심적 병역 거부자에게 가해지는 가혹한 박해가 과거 수백 년 동안 순교자들을 괴롭힌 박해에 비해 털끝만큼이라도 덜 수치스러운 일인가? 켈로그 조약*이 그랬던 것처럼, 여러분은 전쟁을 비난하면서 동시에 개인을 전쟁 무기의 자비로운 처분에 내맡기는 짓을 할 수 있겠는가?

군축 회의를 빌미로 관련 조직의 기술적인 문제에만 매달리는 게 아니라, 교육적 의도에서 심리와 관련된 문제를 직접 다루고자 한다면, 개인이 병역을 거부할 수 있는 법안을 마련하도록 세계가 함께 노력해야 한다. 그런 법규가 만들어 낼 도덕적 효과는 엄청날 것이다.

나의 입장은 간단명료하다.

군비를 제한하는 협정만으로는 안전을 전혀 보장할 수 없다.

---

* '켈로그-브리앙 조약'으로, 파리조약, 부전조약이라고 한다. 미국 국무장관 켈로그와 프랑스 외무장관 브리앙이 주도하여, 국가 간 분쟁의 평화적 해결을 다짐한 전쟁 반대 조약. 1928년에 파리에서 15개국이 체결했다.

강제 중재는 집행력이 뒷받침되어야 하며, 협정에 참여한 모든 국가가 이를 보장해야 한다. 참여국은 평화를 어지럽히는 국가에 대한 경제·군사 제재에 기꺼이 동참해야 한다. 병든 민족주의의 보루인 징병제도를 없애기 위해 싸워야 한다. 특히, 양심적 병역 거부자들은 국제 차원에서 보호받아야 한다.

끝으로, 루드비히 바우어*가 쓴 『내일 또 다른 전쟁』이라는 책에 주목해 주기 바란다. 관련 주제에 대해 심오한 심리학적 통찰을 예리하고 편견 없는 논조로 담고 있는 책이다.

Ⅱ

기술 발전에 발맞추어 사회도 발전했더라면, 지난 100년 동안 인류의 창의성이 가져다준 혜택으로 우리는 행복하고 편안한 삶을 누릴 수도 있었다. 그러나 지금 실정을 보면, 힘들게 이루어 우리 세대에게 건네진 업적들이 마치 세 살짜리 아이

---

*Ludwig Bauer(1878~?). 오스트리아계 스위스인 저널리스트. 빈에서 태어나 연극평, 기행문 등을 기고했다. 1차대전 발발 후, 중립국 스위스로 이주했다. 본문에 언급된 저서는 『Morgen Wieder Krieg(1931)』의 영역본.

의 손에 들린 면도날 같다. 놀라운 생산 수단을 손에 쥐고도 우리는 자유 대신 근심과 배고픔에 시달린다.

기술 발전이 인간의 생명이나 공들여 거둔 결실을 파괴하는 수단으로 전락하면 최악의 결과를 낳는다. 우리 노인 세대는 이것을 1차대전에서 오싹하게 경험했다.

전쟁이 인간을 모욕적인 노예 상태에 빠뜨린다는 사실이 나는 파괴보다 더 무섭다. 모든 사람이 혐오스러운 범죄라고 생각하는 행위를 강요당하는 것은 끔찍하지 않은가? 이에 저항할 수 있을 만한 도덕적 역량을 가진 사람은 소수에 불과했다. 그들이 내게는 진정한 1차대전의 영웅이다.

한 줄기 희망은 있다. 책임감 있는 국가 지도자 대부분이 전쟁이 사라지기를 진심으로 원한다고 나는 믿는다. 전쟁 없는 세상을 향한 발걸음을 주저하게 만드는 원인은 민족주의 전통이다. 이 유감스러운 전통은 교육 시스템이 작동하여 세대에서 세대로 유전병처럼 전달된다. 군사 훈련 및 훈련의 미화가 전통을 전달하는 수단이며, 중공업과 군대의 통제 하에 있는 언론도 딱 그만큼의 역할을 한다.

군비 축소 없이는 영원한 평화도 없다.

다시 말해, 군비를 현재의 규모로 계속 끌고 간다면 결국 우리는 새로운 파국을 맞이하게 될 것이다. 이것이 1932년 군축 회의가 지금 세대는 물론 미래 세대의 운명까지 결정하는 이유이다.

이전의 회의들이 대체로 얼마나 초라한 결과를 얻었는지 생각하면, 최선을 다해 1932년 군축 회의의 중요성을 대중에게 계속 환기시키는 것이, 학식 있고 책임 있는 사람들의 의무라는 점이 명백해진다. 절대 다수 국민의 평화를 향한 의지가 정치인의 든든한 배경이 되어야만 위대한 목적이 이루어진다. 우호적인 여론을 형성하기 위해, 우리 각자는 말 한마디, 행동 하나에도 책임을 느껴야 한다.

만약 대표들이 미리 논의된 지시 사항을 가지고 군축 회의에 참석한다면, 회의의 운명은 바로 결정되고, 국가 위신을 걸고 지시를 이행하는 단계로 곧장 넘어가게 될 것이다. 이런 상황이 대체로 현실화될 기미가 보인다.

두 나라의 정치인이 만나는 회의가 최근 잦아지고 있다. 군축 문제를 미리 논의함으로써 회의의 토대를 다지고 있는 것이다. 이런 방식이 나는 매우 만족스럽다. 두 사람, 혹은 두 그

룹이 만날 때 가장 합리적이고, 정직하고, 공평무사한 토론이 가능하다. 제3자가 개입하면 발언 내용에 신경 써야 한다는 생각이 먼저 들기 때문이다. 군축 회의에 앞서 이렇게 양자 간에 철저하게 준비함으로써 돌발 상황이 배제되고, 진정한 선의를 바탕으로 신뢰의 분위기가 조성되어야만 행복한 결말도 기대할 수 있다.

이런 중대한 사안이 성공하는 데 필요한 것은 영리함이 아니며, 교활함은 더더욱 아니다. 정직과 신뢰가 관건이다. 고맙게도, 합리성이 도덕을 이길 수는 없다!

회의를 지켜보는 사람들의 임무는, 가만히 내버려 뒀다가 비판만 하는 것이 아니다. 힘닿는 대로 모든 수단을 동원해 대의에 복무해야 한다. 세계는 스스로의 노력에 따라 그에 마땅한 운명을 맞이할 것이다.

- 1931년 『네이션』 기고문

미국과 군축 회의

　미국인들은 현재 자국의 경제 여건 때문에 걱정에 싸여 있다. 책임 있는 지도자들의 노력은 주로 심각한 국내 실업 문제를 해결하는 데 맞추어져 있다. 세계 다른 지역, 특히나 모국이랄 수 있는 유럽과 운명을 함께한다는 생각이 평시에 비해 많이 약해져 있다.

　그런데 자유방임의 경제활동을 한다고 해서 저절로 이런 난관이 극복되지는 않는다. 사람들 사이에 노동과 소비재의 건전한 분배가 이루어지려면, 공동체가 규제에 나서야 한다. 규제 조치가 없으면, 가장 부유한 국가의 국민조차도 압박을 느끼게 된다.

　기술 발전 덕분에 모든 수요를 충족시키는 데 필요한 작업의 양이 줄었다. 그래서 더 이상은 자유방임 경제로 완전 고용을 실현할 수 없다. 기술 진보의 이익을 모두 함께 나누려면 신중한 규제와 체계화가 필요한 시점이다.

경제 상황을 정리하는 데도 체계적인 규제 조치가 꼭 필요할진대, 국제 정치 문제를 해결하기 위해서는 더 말해 무엇하겠는가! 전쟁이라는 형태의 폭력 행위가 국제 문제를 해결하는 방법으로 유용하다거나 인간으로서 할 만한 일이라고 여전히 생각하는 사람은 거의 없다.

그러나 그들의 논리는, 야만의 시대가 남긴 저 잔인하고 쓸모없는 유물, 전쟁을 막기 위해 활발한 노력을 기울이는 데까지는 나아가지 못한다. 문제를 명확하게 이해하는 데는 어느 정도의 성찰로 족하지만, 단호하고 효과적으로 대의를 추진하기 위해서는 확신에 찬 용기가 필요하다.

전쟁이 사라지기를 진정으로 원하는 사람이라면, 국제 기구를 위해 일정 정도 자국의 주권을 포기하는 것에 찬성한다고 결연히 선언해야 한다. 분쟁 상황에서, 자신의 조국이 국제재판소의 결정에 고분고분 따르도록 압력을 행사할 용의가 있어야 한다. 전면적인 군비 축소를 단호하게 지지해야 한다.

이는, 비록 성공하지는 못했지만 베르사유 조약이 실제로 구상한 바이기도 하다. 군사 교육과 함께 공격적인 애국심을 조장하는 교육이 사라지지 않으면, 우리에게 진보는 없다.

지난 수년간 벌어진 사건들 중에서 군축 회담이 모두 실패했다는 사실만큼 문명세계 지도국들을 수치스럽게 만든 것은 없다. 야심만만하고 부도덕한 정치인들의 음모 탓이기도 하지만, 전 세계 대중의 무관심과 태만이 불러온 결과이기도 하다. 이것을 바꾸지 못하면, 우리는 선조들이 이룩한 참으로 소중한 업적을 모조리 파괴하는 결과를 보게 될 것이다.

나는 미국인들이 이 문제에 관해 그들의 책임을 완전히 깨닫지 못하고 있다고 생각한다. 미국의 국민들은 분명 이렇게 생각할 것이다.

'유럽 사람들이 다투기 좋아하고 사악한 탓에 자기 땅을 파괴하는 거라면, 그냥 망가지게 내버려 두자. 우리의 윌슨 대통령이 뿌린 좋은 씨앗이, 유럽이라는 척박한 땅에서 아주 형편없는 열매를 맺고 말았다. 우리는 힘세고 안전하니까 다른 사람들 일에 성급하게 말려들 필요가 없다.'

그런 태도는 비도덕적인 동시에 근시안적이다. 유럽이 처한 난관에 미국도 어느 정도 책임이 있다. 미국은 자신의 주장만을 무자비하게 강요함으로써 유럽의 경제와 도덕이 붕괴하는 데 촉매 역할을 했다. 즉, 유럽이 여러 개의 소국으로 분할되어 서로를 적대시하는 데 일조한 셈이니, 정치 도의가 붕괴되고 절망을 자양분 삼아 복수심이 커가는 것에 대해 미국의 책임이 없다고 할 수 없다.

이 복수심이 미국 문턱에서 멈추지는 않을 것이다. 미국에 이미 가 있다고 말하고 싶은 심정이다. 주변도 둘러보고 앞도 내다보기 바란다.

진실은 간단하다.

군축 회의는 인류문명이 성취한 최고의 가치를 보존할 마지막 기회이다. 우리 못지않게 미국에게도 해당되는 진실이다. 그래서 세계의 눈과 희망이, 가장 강하면서 우리 중 그래도 가장 온전한 나라인 미국에 쏠리고 있는 것이다.

적극적 평화주의

플랑드르* 사람들의 대규모 평화 시위를 내 눈으로 볼 수 있어 행운이라고 생각한다. 시위에 참가한 모든 사람들에게 미래를 걱정하는 선의의 인간을 대신하여 외치고 싶다.

"눈이 뜨이고 양심이 깨어나는 이 순간, 우리는 깊은 연대감으로 여러분과 하나임을 느낀다."

지난한 투쟁 없이 현재의 우울한 상황을 개선할 수 없다는 진실을 외면해선 안 된다. 미온적 태도와 왜곡된 인식을 가진 대중이 다수인 데 비해, 행동하려는 결연한 의지를 가진 사람은 한줌 소수에 불과하다. 게다가 전쟁 기제가 계속 유지되기를 바라는 이들의 조직은 매우 강력하다. 그들은 자신의 잔인한 목적에 여론을 굴복시키기 위해 무엇이든 할 것이다.

현재 권력을 가지고 있는 정치인들이 항구적 평화를 보장하

＊현재의 벨기에 일대

기 위해 진정으로 노력하는 것처럼 보일 수도 있다. 그러나 끝없이 무기를 쌓아 올리는 행위를 통해 보여줄 수 있는 것은, 전쟁을 준비하는 상대를 서로가 감당할 수 없다는 사실뿐이다.

내 생각에, 국민을 구조할 수 있는 것은 국민 자신뿐이다. 전쟁 노예로 전락하고 싶지 않다면, 국민이 나서서 완전한 무장 해제를 주장해야 한다. 망설임이 있어서는 안 된다. 군대가 존재하는 한, 심각한 싸움은 언제든 전쟁으로 비화할 수 있다. 국가의 무장을 막지 못하는 평화주의는 무력할 따름이다.

사람들의 양심과 상식이 깨어나기를, 그래서 새로운 단계의 삶에 이를 수 있기를 바란다. 그때에 사람들은 전쟁을 돌아보면서 '선조들의 이해할 수 없는 일탈이었다'는 생각을 하게 될 것이다.

평화의 친구에게 보내는 편지

I

아량 넓으신 귀하께서 너무나 훌륭한 일을 조용히 해내고 계시다는 소식을 들었습니다. 인류와 인류의 운명을 염려하는 마음에서 시작하신 일이겠지요. 자기 눈으로 직접 보고 가슴으로 느끼는 사람의 숫자는 적습니다. 그러나 인류가 다시 절망의 나락으로 떨어지고 말 것인지 여부를 결정하는 힘이 그 적은 숫자에 있습니다. 오늘날의 눈먼 다수는 그런 절망의 상태를 이상적이라고 생각하는 모양입니다.

만인에 대한 만인의 투쟁을 피하기 위해 자결권의 희생이 얼마나 필요한지, 너무 늦기 전에 모두가 깨닫게 되기를!

인류 문명 최악의 적들과 협상하는 상황을 참고 견뎌야 할 정도로 양심과 사해동포 정신은 약해져 있습니다. 어떤 화해는 인류에게 범죄 행위가 되기도 하건만, 정치적 계산에서 용

인합니다.

우리는 인류에 대한 희망을 버릴 수 없습니다. 바로 우리 자신의 일이기 때문입니다. 그래서 귀하와 같은 분들이 아직 존재한다는 사실이 위안이 됩니다. 흔들림 없이 활동하리라는 믿음을 주는 사람들입니다.

Ⅱ

친구이자 내 영혼의 형제에게

솔직히 말하자면, 평화 시기에조차 징집이 이루어지는 나라에서 이런 선언문이 무슨 소용일까 싶습니다.

당신은 국민개병제에서 해방되는 것을 목표로 투쟁해야 합니다. 프랑스 국민은 1918년의 승리로 인해 참으로 무거운 대가를 치러야 했습니다. 프랑스 국민을 어떤 노예보다도 더 치욕적인 노예 신분으로 떨어뜨린 데에 그 승리의 탓이 크기 때문입니다.

멈추지 말고 노력하십시오. 독일의 반동주의자와 군국주의

자들이 오히려 당신의 강력한 협조자가 되어줄 것입니다. 만약 프랑스가 국민개병제에 집착한다면, 결국에는 그것이 독일에 도입되는 것을 막을 수 없습니다.* 독일도 동등한 권리를 가져야 한다는 요구가 기어이 관철될 것이고, 그러면 프랑스군 한 명당 두 명의 독일군 노예가 생기는 것입니다. 이것이 프랑스에 이익이 되지 않을 것은 분명합니다.

징병제도를 완전히 없애는 데 성공해야만 우리 젊은이들에게 화해의 정신, 삶의 즐거움, 살아 있는 것을 사랑하는 마음을 가르칠 수 있습니다.

소집당했지만 양심상의 이유로 군 복무를 거부한다고 5만 명의 청년이 동시 행동에 나선다면, 이는 불가항력의 대세가 될 것입니다. 이 문제에 관한 한, 개인은 무력합니다. 그렇다고 우리의 청년이 기관에 의해 파괴 행위에 바쳐지는 것을 원할 리도 없습니다. 그 기관의 배후에는 어리석음, 공포, 탐욕이라는 거대한 힘이 버티고 있지 않습니까.

---

*아인슈타인의 경고에도 불구하고, 1933년 나치는 '국방군(Wehrmacht) 구성에 관한 법'을 통과시켜 강제 징집의 근거를 마련했다. 한편 세계적인 군사학자 존 키건은 1·2차 세계대전의 원인으로 국민개병제를 꼽는다.

Ⅲ

친애하는 귀하

귀하는 편지에서 아주 중요한 사항을 언급했습니다. 귀하의 말씀대로, 군수 산업은 인류를 괴롭히는 가장 큰 위험에 속합니다. 그것은 민족주의의 배후에 숨어 있는 사악한 힘입니다. 민족주의는 사방으로 걷잡을 수 없이 번져 나가는데….

국유화를 통해 무언가 얻을 수도 있겠지요. 그러나 정확히 어떤 산업을 국유화 대상에 포함해야 하는지 결정하는 일은 매우 어렵습니다. 항공 산업은 포함될까요? 금속 산업과 화학 산업은 어떻게 할까요?

국제연맹은 군수 산업이나 전쟁 물자 수출과 관련된 거래를 통제하려고 수년간 애썼지만, 우리가 알다시피 성과는 미미했습니다. 작년에 군사 정책을 단념하도록 "불매 동맹으로 일본을 압박하지 않는 이유가 뭐냐"고 저명한 미국 외교관에게 질문한 적이 있습니다. "그러기에는 우리의 상업적 이익이 너무 크거든요"라는 게 그의 대답이었습니다. 그렇게 말해 놓고 만족스러워하는 사람이 도대체 누구를 도울 수 있겠습니까?

제 말 한마디면 이 분야에서 뭔가를 하게 만들 수 있다고, 정말 그렇게 믿으십니까? 엄청난 착각입니다!

사람들은 제가 그들에게 방해가 되지 않는 한에서 저를 추켜세우지요. 그러나 제가 그들에게 마땅치 않은 목표를 위해 노력하는 순간, 그들의 이익을 지키기 위해 그 즉시 제게 독설을 퍼붓고 비방하는 쪽으로 돌아서 버립니다. 그리고 구경꾼들은 대부분 어둠 속으로 숨어버리지요.

겁쟁이들! 당신의 이웃들이 시민으로서 용기를 가지고 있는지 시험해 본 적이 있습니까? 그들은 조용히 이런 좌우명을 받아들이지요.

"그 얘기는 모른 척 그냥 내버려 두자."

당신이 은연중 제시하는 방법으로 제가 할 수 있는 모든 것을 할 것이라고 확신하시겠지만, 당신이 생각하는 것처럼 그렇게 바로 되는 일은 없습니다.

세계 경제 위기에 대한 생각

정작 전문가들 사이의 의견이 혼란스럽기 그지없으니, 경제 문외한인 내가 심히 우려되는 현 경제난의 본질에 대해 용기를 내어 의견을 개진해 볼까 한다.

새로운 얘기를 하려는 게 아니다. 그저 독립적이고 정직한 한 사람의 의견일 뿐, 그 이상의 의미를 부여할 생각도 없다. 계급이나 국가가 주는 편견을 내려놓고, 인류의 행복만을 열망하며 가능한 한 가장 조화로운 인간의 존재 방식을 찾고자 하는 한 사람으로서 얘기하고자 한다.

이 글에서 마치 내가 어떤 문제에 대해 분명히 아는 것처럼, 그리고 내 말이 곧 진실이라고 확신하는 것처럼 쓴다면, 그것은 표현을 좀 더 쉽게 하고자 하는 목적 때문이다. 부적절한 자신감이 있어서라거나, 실제로는 매우 복잡한 문제를 다소 단순하게 개념화한 나의 생각에 오류가 있을 수 없다고 믿어서가 아니다.

내가 보기에, 이번 경제 위기는 '생산 수단의 급속한 발전이 초래한 전혀 새로운 일련의 상황에 따른 것'이란 점에서 과거의 위기와 그 성격이 다르다.

살아가는 데 필요한 소비재의 총생산에 전 세계 가용 인력의 일부만이 필요하다. 완전한 자유 경제 체제에서 이는 반드시 실업으로 이어진다. 대다수의 사람들이 생활에 필요한 최소한의 임금으로 일할 수밖에 없는 데는 몇 가지 이유가 있다. 그 이유까지 여기서 분석하고 싶지는 않다.

두 개의 공장이 같은 상품을 생산한다고 할 때, 같은 조건에서는 인력을 적게 고용하는 쪽이 물건을 더 싸게 생산할 수 있을 것이다. 다시 말해, 각각의 노동자가 인간의 한계치를 넘지 않는 선에서 가장 길게, 가장 힘들게 일하도록 만들면 되는 것이다. 여기에 현재 수준의 생산 수단까지 더해지면 가용 인력의 일부만 필요하게 되는 상황은 불가피하다.

고용된 노동자들이 불합리한 요구에 시달리는 동안, 나머지 사람들은 생산 과정에서 자동 배제되고, 이는 판매와 이윤의 감소로 이어진다. 기업은 도산하고, 그 결과 실업은 더욱 증가한다. 산업 전반에 대한 신뢰가 떨어지고, 대중이 중개자인 은행으로부터 받는 이익도 줄어들게 된다. 그러면 급작스러운 예금 인출이 발생하고, 은행은 결국 지급 불능 상태에 빠진다. 그렇게 산업의 수레바퀴는 완전히 멈추어 서게 되는 것이다.

이번 위기를 불러온 원인으로 몇 가지가 지목되었는데, 한 번 자세히 들여다보기로 하자.

1. 과잉 생산

실질적인 과잉 생산과 외견상의 과잉 생산, 이 두 가지는 반드시 구별해야 한다. 내가 말하는 실질적 과잉 생산이란, 생산이 너무 많아서 수요를 초과한다는 뜻이다. 확언하긴 힘들지만, 현재 미국의 자동차와 밀이 여기에 해당한다.

사람들이 말하는 '과잉 생산'이란, 소비자들 사이에 소비재 부족 현상은 있지만, 현 경제 여건에서 판매할 수 있는 양보다 많이 생산되었다는 것을 의미한다. 나는 이것을 '외견상의 과잉 생산'이라고 부르겠다. 이런 경우에는 수요가 부족한 것이 아니라 소비자의 구매력이 부족한 것이다.

이런 외견상의 과잉 생산은 위기의 다른 이름일 뿐, 그것으로 위기를 설명할 수는 없다. 그러므로 위기의 책임을 과잉 생산으로 돌리려는 사람들은 말장난을 하고 있는 것이다.

2. 배상금

배상금 지불 의무가 채무국과 그들의 산업을 무겁게 짓누르고 있기 때문에 그들은 덤핑에 나설 수밖에 없다. 그 결과 채권국까지 피해를 입게 된다. 여기에는 논쟁의 여지가 없다.

그러나 미국의 상황을 보면, 이것이 세계 경제 위기의 주요 원인은 아님이 분명해진다. 미국은 높은 관세 장벽으로 자국을 보호하고 있음에도 불구하고 경제 위기가 발생하고 있기 때문이다. 배상금 때문에 채무국에서 금이 부족해지는 현상은 '배상금 지불을 종료하자'는 주장에는 도움이 되겠지만, 세계 경제 위기를 설명하기 위해 끌어들이기는 곤란하다.

3. 새로운 관세 장벽 설치, 비생산적인 군비 부담 증가, 잠재적 전쟁 위험으로 인한 정치 불안

이 모든 요소가 유럽의 문제를 한층 악화시키고 있지만, 실질적으로 미국에는 영향을 미치지 않는다. 그런데도 미국에 위기가 나타나는 것을 보면, 이런 문제들이 위기의 주요 원인은 아님을 알 수 있다.

4. 중국과 러시아, 두 강대국의 탈퇴

세계 무역을 강타한 충격이지만, 이 역시 미국과는 무관하다. 따라서 이것도 위기의 주요 원인은 아니다.

5. 전후 하층 계급의 경제적 부상

실제라고 가정하더라도, 이것은 공급 과잉이 아니라 상품의 품귀 현상을 초래했을 것이다.

문제의 핵심과 무관한 주장을 더 열거하면서 독자를 피곤하게 만들고 싶지 않다. 한 가지 사실만은 확실하다. 기술 진보가 인류의 생존에 필요한 노동을 크게 줄여주기도 하지만, 현재 우리가 안고 있는 문제의 주요 원인이 되기도 한다는 사실이다.

그래서 진보한 기술이 도입되는 것을 막아야 한다고 매우 진지하게 생각하는 사람들이 있다. 분명 터무니없는 생각이다. 그러나 이 딜레마에서 벗어날 수 있는 보다 합리적인 방법을 어디서 찾으면 좋겠는가?

만약 대중의 상품 구매력이 최저 기준치 이하로 떨어지는 것을 막을 수 있다면, 현재 우리가 겪고 있는 것처럼 산업의 사이클이 멈추어버리는 일은 일어나지 않을 것이다.

논리적으로 가장 단순하면서도 가장 대담하게 이 목표를 성취하는 방법은, 공동체가 소비재를 생산하고 분배하는 완벽한 계획 경제 시스템이다. 이는 현재 러시아에서 시도되고 있는 것과 본질적으로 같은 방법이다. 러시아에서의 중대한 실험이 어떤 결과를 만들어 내느냐에 많은 것이 달려 있다. 여기서 감히 예언을 한다는 건 주제넘은 일이 될 것이다.

개별 기업에 더 많은 재량권을 주는 시스템에서처럼, 계획 경제에서도 경제적인 상품 생산이 가능할까? 우리 '서구인' 중 누구도 공포 속에 살려 하지는 않을 텐데, 이제까지 '계획 경제' 하면 늘 따라다니던 공포 없이 그 시스템이 잘 유지될까? 그런 엄격하고 중앙 집중화된 시스템은, 자신을 보호하려고만 하고 유익한 혁신을 적대시하는 경향이 있는 거 아닌가?

이런 의심이 편견으로 굳어지게 해서는 안 된다. 편견은 우리가 객관적 판단을 내리는 데 방해가 된다.

개인적으로 경제 체제는, 목적하는 바를 거스르지 않는 한, 기존의 전통과 습성을 존중하는 방식이어야 한다고 생각한다. 산업의 통제권을 갑작스럽게 공공의 손으로 넘긴다고 해서 생산 면에서 이익이 될 거라고 생각하지도 않는다. 카르텔 형식으로 산업계에서 이미 자체 제거된 기업이 아니라면, 개인 기업에게 그들만의 활동 영역을 주어야 한다고 생각한다.

그렇지만 두 가지 대목에서는 경제적 자유를 제한해야 한다.

먼저 산업의 각 분야에서 주당 근무시간 단축을 법제화해야 한다. 그래야 체계적으로 실업을 없앨 수 있다. 동시에 최저 임금은 노동자의 구매력이 생산과 서로 보조를 맞추어 갈 수 있는 선에서 결정되어야 한다.

한발 더 나아가, 생산자가 조직을 이용해 독점한 산업에 대해서는 국가가 가격을 통제해야 한다. 새로운 자본의 창출을 합리적인 선에서 유지하고, 생산과 소비를 인위적으로 옥죄는 상황이 오지 않도록 하기 위해서이다.

이런 방법으로 접근하면, 자유로운 기업 활동을 너무 많이 제한하지 않으면서 생산과 소비 사이에 적절한 균형을 이루어

낼 수 있을 것이다. 동시에, 생산 수단(토지, 기계류)의 소유자들이 임금 노동자에게 지나친 전횡을 부리지 못하게 막을 수도 있을 것이다.

- 1930년대 세계 경제 위기에 대한 대처 방안을 집필한 글

문화와 번영

정치적 대재앙이 인류 문명의 발전에 끼친 피해를 가늠하고자 한다면 먼저 기억해야 할 것이 있다. 고도의 문화는 섬세한 식물과도 같아서 여러 복잡한 조건들이 맞아야 하고, 특정한 시간과 장소에서만 드물게 자란다는 사실이다.

문화가 꽃피려면 우선, 인구의 일부가 생활과 직접 관련이 없는 작업을 할 수 있을 정도로 번영한 사회여야 한다. 다음으로는, 문화적 가치와 업적을 존중하는 도덕 전통이 필요하다. 그런 전통 속에서 생필품을 공급하는 이들이 문화에 종사하는 이들에게 생계를 제공하게 되는 것이다.

지난 100년 동안 독일은 두 가지 조건을 모두 충족하는 나라 중 하나였다. 번영의 수준은 전체적으로 봐서 충분하지는 않아도 적당했고, 문화를 존중하는 전통 또한 강했다. 이런 토대 위에서 독일은 근대 세계의 발전에 없어서는 안 될 문화적 결실들을 내놓았다.

현재, 전통은 대체로 유지되고 있지만 번영의 시절은 가버렸다. 독일 산업은 원자재 공급을 거의 완벽하게 차단당하고 있다. 원자재 공급이 끊기면서 산업 종사자의 존재 기반도 사라졌다. 지식 노동자를 지원해 줄 여력이 갑자기 사라져버린 것이다. 이런 상황에서 문화를 존중하는 전통은 동력을 잃어버리고 결국 무너지게 될 것이며, 풍성한 결실을 맺던 문화의 토양은 황폐해질 것이다.

문화를 존중하는 인류라면, 이런 황폐화를 막는 것에 관심을 둘 수밖에 없다. 목전의 위기에 도움이 될 만한 일은 무엇이든 해서, 보다 고양된 정서의 공동체를 되살려 낼 것이다. 지금은 비록 민족적 이기주의 때문에 뒤로 밀려나 있지만, 인간의 가치는 정치나 국경에 관계없이 바로 이런 정서의 공동체를 위해 유효한 것이다. 정서의 공동체를 회복한 인류는, 그 공동체를 지속시키고 문화의 결실도 맺을 수 있는 근로 조건을 모든 국가에 마련할 것이다.

생산과 구매력

나는 현재 우리가 당면한 문제에 대한 해결책을 생산 능력과 소비를 이해하는 데서 찾을 수 있다고 생각하지 않는다. 이해했을 때는 대체로 이미 너무 늦어버린 상황이기 쉽다. 게다가 독일의 문제는 생산 설비의 과다가 아니라, 대다수 국민들이 합리화라는 명분으로 생산 과정에서 배제되어버린 결과, 구매력이 부족해져서 생긴 것으로 보인다.

내 생각에, 금 본위제에는 심각한 약점이 있는데, 금 공급이 부족하면 반드시 신용 거래와 유통 통화의 축소로 이어진다는 점이다. 물가와 임금이 그런 상황에 발 빠르게 적응할수가 없다.

우리의 고민을 자연스럽게 해결해 줄 방법은 다음과 같다.

1. 실업을 없애기 위하여 근무 시간 단축을 법제화할 것. 산

업 부문별로 단축 시간에는 차등을 두되, 최저 임금을 정해서 대중의 구매력이 판매 가능한 상품의 양과 조화를 이루게 하는 조치도 함께한다.

 2. 모든 특별 보호 조치를 폐기하고 물가 수준을 일정하게 유지하는 방식으로 유통 화폐와 신용 거래의 양을 조절할 것.

 3. 독점이나 카르텔에 의해 자유 경쟁이 실제로 불가능하게 된 품목에 대해 가격 제한을 법제화할 것.

생산과 노동

친애하는 세더스트룀 씨

제안서를 보내 주셔서 감사합니다. 무척 흥미로웠습니다. 이
문제에 대해 깊이 생각해 본 결과, 숨김없이 솔직한 저의 의견
을 알려 드리는 게 옳겠다는 생각이 듭니다.

근본 문제는, 생산 수단의 놀라운 진보와 결합한 노동 시장
의 거의 무제한적인 자유인 것 같습니다. 오늘날 전 세계의 수
요를 충족시키는 데 가용 인력 전부가 필요하지는 않습니다.
그 결과 실업이 발생하고, 근로자들 사이에 과도한 경쟁이 유
발됩니다.

두 가지 모두, 구매력을 감소시키고 전체 경제 시스템이 버
틸 수 없을 정도로 삐걱거리게 만드는 원인입니다.

자유주의 경제학자들은 노동 절약이 발생할 때마다 노동 수
요가 발생하여 균형을 찾는다고 주장하는 것으로 압니다. 그

러나 저는 그것을 믿지 않습니다. 설혹 그게 사실이라 하더라도 제가 위에 언급한 요인들 때문에 수많은 인류의 생활이 비인간적인 수준으로 떨어지게 될 것입니다.

젊은 사람들의 생산 과정 참여가 가능해지고, 또한 필요해지도록 하는 조치가 반드시 있어야 한다는 귀하의 신념에 저도 공감합니다. 나아가, 노령 인구를 특정 작업(저는 '부적절한' 작업이라 부릅니다만)에서 제외하고, 대신 일정 소득을 지급해야 한다는 생각에도 공감합니다. 그 나이에 이르도록 사회에 생산적인 일을 충분히 한 사람들이니까요.

저 역시 대도시를 없애는 데는 동의하지만, 예를 들어 노인 같은 특정인을 특정 소도시에 거주하게 하는 데는 동의하지 않습니다. 솔직히 그런 발상은 끔찍하군요.

저는 또 금 본위제를 소비 상황에 따라 선택한 특정 상품 본위제로 대체하여 화폐 가치의 변동을 막아야 한다고 생각합니다. 제가 잘못 알고 있는 게 아니라면, 케인스가 오래전에 제안한 것입니다.

이 제도를 도입하면, 현재의 통화 제도에 비해 사람들이 어느 정도의 '인플레이션'은 묵인할 수도 있습니다. 국가가 인플

레이션으로 생긴 뜻밖의 소득을 합리적으로 사용할 거라고 믿을 수만 있다면 말입니다.

귀하의 계획은 심리학 측면에서 약점을 보입니다. 아니, 무시해 버렸다는 표현이 옳을까요?

자본주의가 단지 생산만이 아니라 지식에서도 진전을 가져온 것은 우연이 아닙니다. 불행하게도, 이기주의와 경쟁심이 공공 의식과 책임감보다 강합니다. 러시아에서는 제대로 된 빵 한 조각 구하기가 불가능하다는데…. 제가 국가나 여타 공기업에 대해 지나치게 비관적인 건지도 모르겠습니다만, 어쨌든 저는 그들에게 기대하는 바가 거의 없습니다.

관료주의 아래에서는 어떤 내실 있는 작업도 살아남을 수가 없습니다. 저는 무서운 경고를 너무나 많이 보고 겪었습니다. 비교적 모범 국가라는 스위스에서조차도 그랬습니다.

"국가는 오로지 제한하고 규제하는 역할로만 산업에 유용하다"고 하신 말씀이 제게 와 닿습니다. 노동자들 사이의 경쟁이 건전한 한계를 넘지 않아야 하고, 모든 아이들에게 건강하게 자랄 수 있는 기회가 주어져야 하며, 임금은 소비재의 가격을 감당할 수 있을 만큼 높아야 한다는 것. 이 모든 것이 국가가 반드시 해야 할 일입니다.

그러나 독립적인 전문가들이 객관성을 유지하면서 정책을 짜야만 - 이 점에서도 역시 귀하가 옳습니다 - 국가가 규제 기능을 이용해 결정적인 영향력을 행사할 수 있는 것입니다.

더 자세히 쓰고 싶지만, 시간이 부족하군요.

소수 민족

소수 민족이, 특히나 신체적 특징으로 구분되는 민족일 경우, 함께 살고 있는 다수로부터 열등한 존재로 대접받는다는 것은 모두가 아는 사실이다.

이런 운명이 가지는 비극은, 이들 소수민족이 사회와 경제 문제에서 거의 무의식적으로 부당한 대우의 대상이 된다는 것뿐만 아니라, 다수가 주는 암시적 영향 아래에서 이들 스스로 최면에라도 걸린 듯 똑같은 편견에 굴복하여 자기 형제들을 열등한 인간으로 여긴다는 사실에 있다.

후자의 해악이 더 크긴 해도, 소수 민족 내에서 더욱 긴밀하게 결합하고 신중하게 교육함으로써 극복할 수 있다. 정신적인 해방도 그렇게 이루어진다.

이런 의미에서 미국 흑인들이 기울이는 노력은 상찬과 지지를 받을 만하다.

유럽의 현재 상황에 대한 의견

현재 전 세계, 특히 유럽의 정치 상황에서 두드러진 특징은, 비교적 짧은 시간에 성격이 달라진 경제적 요구를 정치 발전이 실질로도 머리로도 따라잡지 못했다는 것이다. 각국의 이익은 더 큰 공동체의 이익에 종속되어야 한다. 이처럼 전에 없던 새로운 태도의 정치적 사고와 정서를 받아들이려면 비상한 노력이 필요하다. 반대로 살아온 수백 년에 걸친 전통이 있기 때문이다. 그러나 이 노력이 성공해야 유럽이 살아남을 수 있다.

일단 심리적 저항이 극복되면, 실제 문제의 해결은 그렇게까지 어렵지는 않을 거라고 나는 굳게 믿는다. 올바른 분위기를 조성하기 위해서는 같은 생각을 가진 사람들이 서로 협력하는 것이 가장 중요하다.

공동의 노력으로 국가 간 상호 신뢰의 가교를 놓을 수 있기를!

시대의 계승자

이전 세대들은 지식과 문화의 진보를 선조가 물려준 노력의 결실이라고 간단히 치부할 수 있었다. 그 결실 덕분에 그들의 삶은 더 편해지고 아름다워졌다. 그러나 우리 세대에 닥친 재앙을 보면 이런 생각이 치명적인 환상이었음을 깨닫게 된다.

대대로 전해 오는 인류의 유산이 저주가 아니라 축복이 되게 하려면 지난한 노력이 필요하다는 걸 이제 우리는 안다. 예전에는 소중한 사회 구성원이 되기 위해 개인의 이기심을 어느 정도 버리는 걸로 충분했지만, 이제는 민족과 계급의 이기주의까지 극복해야 한다. 그런 경지에 이르러야만 전 인류의 향상에 기여할 수 있다.

이렇게 중대한 시대적 요구에 부응하기에는 작은 나라가 강대국에 비해 유리하다. 강대국은 정치든 경제든 원하는 바를 얻기 위해 폭력에 기대고 싶은 유혹을 느끼기 때문이다.

    네덜란드와 벨기에 사이의 협정은 지난 수년간 유럽에서
벌어진 일들 중 유일하게 희망적인 것이다. 개별 국가가 지닌
무제한의 자결권을 포기하고, 세계를 군국주의의 저급한 굴
레에서 해방시키는 일에 작은 나라가 앞장설 것이라는 희망
이 생겼다.

제 3 장

1933년 독일

나는

모든 시민의 정치적 자유, 관용, 평등이

법으로 보장되는 나라에서,

오로지 그곳에서만 살겠다.

성명서

1933년 3월

선택할 수만 있다면, 나는 모든 시민의 정치적 자유, 관용, 평등이 법으로 보장되는 나라에서, 오로지 그곳에서만 살겠다. 정치적 자유는 자신의 정치적 견해를 말과 글로 표현할 수 있는 자유이며, 관용은 어떤 사람의 의견도 존중하는 것을 의미한다.

이런 여건이 현재 독일에는 존재하지 않는다. 주요 예술가를 포함하여, '국제 간 이해'라는 대의를 위해 누구보다 노력한 사람들이 독일에서 박해받고 있다.

사회라는 유기체도 개인과 마찬가지로 심리적 전염병에 걸릴 수 있다. 힘든 시기에는 더욱 그러하다. 국가는 대개 이런 전염병을 이겨 낸다.

독일이 곧 병을 이기고 건강한 사회로 거듭나기를 희망하며, 앞으로는 칸트와 괴테 같은 자국의 위인을 이따금 기리는 데서 그칠 게 아니라, 그들이 역설한 원칙이 대중의 삶과 의식을 지배하게 되기를 바란다.

프로이센 과학 아카데미*와 나눈 서신

1933년 4월 1일, 아인슈타인에 항의하는 아카데미 성명

프로이센 과학 아카데미는 알베르트 아인슈타인이 프랑스
와 미국에서 나치 잔학상 선전 활동에 가담한다는 신문 기사
를 읽고 분노를 금할 수 없다. 당장 이에 대한 해명을 요구한
다. 그 사이 아인슈타인은 본 아카데미에서 탈퇴한다고 발표
했다. 현 정부 하에서는 프로이센을 위해 계속 일할 수 없다는
것이 이유였다. 스위스 국적 소지자이기도 한 그가 1913년에
본 아카데미의 정회원이 되는 것으로 간단히 취득한 프로이센

---

*아인슈타인은 막스 플랑크의 추천 덕분에 1914년 프로이센 과학 아카데미
의 회원이 된다. 1차대전이 발발하자 반전 성명서를 발표하면서 독일제국의
아웃사이더로 남게 된다. 히틀러가 집권하자 프로이센 과학 아카데미는 나치
로 전향해, 아인슈타인을 중상하고 나치에 대한 충성 서약을 강요한다. 아인
슈타인은 대부분의 과학자가 전제 정치의 앞잡이로 전락한 데 대해 염증을 느
낀다.

국적을 포기하겠다는 의사로 보인다.

프로이센 과학 아카데미는 아인슈타인이 특히 외국에서 선동가 역할을 하고 있는 데 대해 비통한 심정이다. 본 아카데미와 회원들은 언제나 프로이센에 매우 강한 소속감을 느끼며, 모든 정치적 당파심을 철저히 자제하면서 오로지 국가 이념에만 충실해 왔다. 따라서 본 아카데미가 아인슈타인의 탈퇴를 아쉬워할 이유는 전혀 없다.

에른스트 헤이만 박사
종신 서기

1933년 4월 5일, 오스탕드 근처 르코크

프로이센 과학 아카데미에게

'프랑스와 미국에서 벌이는 나치 장학상 선전 활동에 가담한 아인슈타인'이라는 공개 성명을 아카데미에서 발표했다고, 믿을 만한 소식통이 전해 왔다.

이에 나는 나치 장학상 선전 활동에 어떠한 역할도 한 적이 없음을 밝히며, 그런 활동을 어디서 목도한 바도 없음을 덧붙인다. 대체로 사람들은 독일 정부 책임자들이 하는 공식적인 성명이나 명령을 그저 복제하고 논평하는 것에 만족해 왔다. 경제적 수단을 동원해 독일계 유대인을 말살하려는 프로그램에 대해서도 마찬가지였다.

내가 언론을 통해 발표한 성명에는, 아카데미에서 탈퇴하고 프로이센 시민권을 포기하겠다는 나의 의지가 담겨 있다. 개인이 법 앞에 평등함을 누리지 못하고, 자신이 좋아하는 것을 말하고 가르치는 자유를 누리지 못하는 나라에서 살고 싶지 않다고, 그 이유 또한 밝혔다. 그리고 나는 현재 독일의 국내 사정을 심리적 역병에 걸린 대중의 상태로 묘사하면서 그 원인에 대해 몇 가지 언급하였다.

반유대주의 투쟁에 지지를 구하기 위해 사용해도 좋다고, 언론이 아니라 국제연맹에 허락한 문서에서도, 나는 위기에 처한 문명의 이상에 여전히 충실한 모든 상식 있는 사람들에게, 현재 독일에서 끔찍한 증상을 보이고 있는 이 대중 정신병이 더 이상 확산되지 않도록 최선을 다해 달라고 요청했다.

아카데미가 나에 관해 그런 성명을 발표하기 전에, 정확한 나의 발언을 확인하는 것은 쉬운 일이었을 것이다. 독일 언론은 나의 발언을 악의적으로 왜곡하여 재생산해 왔다. 지금처럼 재갈 물린 언론에게 할 일이 그것 말고 무엇이 있겠는가.

나는 이제까지 내가 발표한 모든 발언을 기꺼이 고수하겠다.

그러니 아카데미는 나의 이 진술을 모든 회원에게 알리고, 나에 대한 비방에 익숙한 독일 대중에게도 알리기 바란다. 특히 바로 그 대중들 앞에서 나를 비방하는 일에 아카데미가 역할을 했기 때문이다.

1933년 4월 11일, 아카데미의 답신

본 아카데미는 1933년 4월 1일자 성명이 독일뿐만 아니라 외국의 신문 보도를, 특히 프랑스와 벨기에의 보도를 주요 근거로 하고 있음을 지적하고자 한다. 이들 보도에 대해서는 아인슈타인 씨가 아직 반박하고 있지 않다. 게다가 본 아카데미는 반유대주의 투쟁을 위해 연맹으로 보낸 그의 성명서도 입수하여 면밀히 검토했다. 그 성명서에서 그는 독일이 먼 과거의 야만으로 퇴행함을 개탄하고 있다.

게다가 나치 잔학상 선전 활동에 어떤 역할도 한 바 없다는 아인슈타인 씨가 부당한 의심과 비방에 대해 왜 아무런 대응도 하지 않았는지 본 아카데미는 당연히 알아야 한다. 그런 비방에 대응하는 것은 원로 회원으로서 그의 의무였다. 그 대신에 아인슈타인 씨는 성명서를, 그것도 외국에서 발표하였다. 세계적 명성을 지닌 인물이 발표한 성명은 현 독일 정부뿐 아니라 전체 독일 국민의 적들에 의해 부당하게 이용당하고 악용될 소지가 있다.

프로이센 과학 아카데미를 대신하여
H. 폰 피커, E. 헤이만
종신 서기

1933년 4월 7일, 베를린, 프로이센 과학 아카데미

알베르트 아인슈타인 교수, 레이덴 시,

에렌페스트 교수 댁 내, 비트로젠 가

친애하는 귀하

프로이센 아카데미의 현직 일등서기로서 아카데미 탈퇴를 선언한 귀하의 3월 28일자 서신을 수령하였음을 알려드립니다.

1933년 3월 30일 총회에서 귀하의 탈퇴 소식을 인지했습니다. 사태가 급변한 데 대해 아카데미는 깊은 유감을 표합니다.

수년간 독일인과 함께 작업했고, 또한 수년간 학회의 일원이었기에 독일인의 특성과 사고방식에 익숙하실 과학계 최고 권위자께서 지금 같은 때에 일단의 외국인들과 연합해야만 했는지 유감입니다.

실제의 상황과 사태에 무지한 그 외국인들은 잘못된 관점과 근거 없는 소문을 퍼뜨려서 독일 국민에게 엄청난 피해를 입혔습니다. 그렇게 오랫동안 본 아카데미 소속이었던 분이니,

정치적 공감 여부를 떠나 홍수처럼 범람하는 거짓에 맞서 조국을 보호하는 편에 설 거라고 우리는 확신했습니다.

한편 악의적이고, 한편 터무니없는 중상 비방이 횡행하는 이 시기에, 누구보다 귀하께서 독일 국민에게 호의적인 발언을 하셨더라면 그 효과는 지대했을 것입니다. 특별히 외국에서 영향이 컸을 것입니다.

그러나 그리기는커녕, 귀하의 증언은 현 정부와 독일 국민의 적들에게 좋은 구실만 준 셈이 되었습니다. 이는 우리에게 쓰라리고 비통한 실망을 안겨주었습니다. 그러니 귀하의 탈퇴 통보가 아니어도, 실망감 때문에 결국 우리는 갈라서게 됐을 것입니다.

폰 피커 배상

1933년 4월 12일, 르코크-쉬르-메르, 벨기에

베를린의 프로이센 과학 아카데미 귀하

바로 보내주신 귀하의 일곱 번째 편지를 받고 보니, 거기 드러난 사고방식에 개탄을 금할 수 없습니다.

사실 관계에 대해 저는 다음과 같이 답할 수밖에 없습니다.

저의 행동에 관해 귀하가 말씀하시는 내용은 실제로는 귀하가 이미 공표한 발언을 형식만 바꾸어 놓은 것일 뿐입니다. 귀하는 제가 독일에 맞서 나치 잔학상 선전 활동에 가담했다고 비난하고 있습니다. 저는 이미 지난 편지에서 이런 비난을 중상이라고 규정한 바 있습니다.

귀하는 또한 '독일 국민'을 위한 저의 '호의적인 발언'이 외국에서 큰 효과를 일으킬 수 있었을 것이라고 하셨습니다.

저의 대답은 이렇습니다.

귀하가 제안하는 그런 식의 공개 선언은, 제가 일평생 지지해 온 정의와 자유의 개념을 부인하는 것이나 마찬가지입니다. 그런 증언이 귀하가 말씀하듯 독일에 도움이 될 리 없습니다. 오히려, 독일이 문명 세계에서 영광의 자리를 차지하도록 해준 이상과 원칙을 폄훼하려는 자에게 명분만 제공했을 것입니다. 현재 상황에서 그런 공개 선언은, 비록 간접적일지라도 야만의 풍습을 만들고, 기존의 문화 가치를 파괴하는 데 기여할 뿐입니다.

이것이 제가 아카데미에서 탈퇴해야겠다고 생각한 이유입니다.

귀하의 편지는 제 행동이 옳았다는 사실만을 알려주는군요.

1933년 4월 8일, 뮌헨

발신: 바이에른 과학 아카데미
수신: 알베르트 아인슈타인 교수

귀하

프로이센 과학 아카데미로 보낸 귀하의 서신에서 귀하는 독일의 정세를 탈퇴의 이유로 거론하셨습니다. 수년 전 귀하를 발언권 회원으로 선출한 바 있는 바이에른 과학 아카데미 역시 독일의 학회로서 프로이센 이하 여타 독일의 학회와 밀접한 협력 관계에 있습니다. 따라서 귀하의 프로이센 과학 아카데미 탈퇴는 우리 아카데미와 귀하의 관계에도 영향을 미칠 수밖에 없습니다.

그러므로 귀하와 프로이센 아카데미 사이에 벌어진 사태 이후 우리 아카데미와의 관계는 어떻게 예상하고 계신지 알고 싶습니다.

바이에른 과학 아카데미 회장

1933년 4월 21일, 르코크-쉬르-메르

뮌헨 바이에른 과학 아카데미 귀하

제가 프로이센 아카데미를 탈퇴하는 이유는, 현 상황에서 독일 국민이고 싶은 생각도, 프로이센 교육부에 반 종속 상태로 머무르고 싶은 생각도 없어서라고 밝힌 바 있습니다.

같은 이유를 바이에른 아카데미와의 관계 단절에 적용할 수는 없을 것입니다. 그럼에도 불구하고 제 이름이 회원 명부에서 삭제되기를 원한다고 한다면, 거기에는 다른 이유가 있습니다.

과학 아카데미의 주요한 책임은 한 나라의 과학 생활을 고무하고 보호하는 것입니다. 그러나 독일의 학계는, 제가 아는한, 무시할 수 없는 숫자의 학자와 학생, 대학 교육의 전문가들이 독일에서 직업을 가지고 생계를 이어 갈 기회를 박탈당하는 동안 방관하거나 침묵해 왔습니다.

외부의 압력 때문이라 하더라도, 그런 태도를 보이는 집단이라면 어디에도 소속되지 않는 쪽을 택하겠습니다.

답신[*]

귀하의 제안은 제가 마음에 두고 있는 일들과 관련된 중요한 사안이기 때문에 다각도로 심사숙고하였습니다. 그 결과, 이번 일이 매우 중요하지만 개인적 역할을 맡기는 곤란하다는 결론에 도달하였습니다.

이유는 두 가지입니다. 첫째로 저는 어쨌든 여전히 독일 국민이며, 두 번째로 저는 유대인입니다.

첫 번째 사항에 관해서는, 제가 독일 기구에서 활동해 왔으며 독일에서 완벽한 신뢰를 받아 왔다는 사실도 덧붙여야겠군요. 제가 거기서 일어나는 일에 대해 아무리 깊은 유감을 가지고 있다 해도, 독일 정부의 묵인 하에 벌어지는 끔찍한 잘못을 비난하고 싶은 마음이 아무리 강하다 해도, 외국 정부의 책임

---

*독일 내 반유대주의에 항의하는 프랑스 선언문에 동참하라는 초청에 대한 아인슈타인의 답신.

자들이 벌이는 사업에 제가 개인적으로 참가할 수는 없는 일입니다.

저의 입장을 잘 이해하시려면, 프랑스 시민이 이와 유사한 상황에서 저명한 독일 정치가와 함께 프랑스 정부 조치에 반대하는 시위를 한다고 가정해 보십시오. 그 시위가 충분히 타당한 사실에 근거하고 있다고 인정할지라도, 여전히 귀하는 귀하의 동포가 하는 행동을 반역이라고 생각할 것입니다.

드레퓌스* 사건 당시 졸라가 프랑스를 떠나야겠다는 압박을 느꼈을지 모르지만, 그래도 독일의 공적인 유명 인사들과 협력하는 일은 결코 없었을 것입니다. 그가 아무리 찬성하는 일이었어도 말입니다. 그저 자신의 동포를 수치스러워하는 데 그쳤을 것입니다.

두 번째로, 불의와 폭력에 대한 저항은 그것이 순수하게 인류애와 정의감에 이끌린 사람들이 시작한 것일 때 비할 데 없는 가치를 지닙니다. 다른 유대인을 형제로 여기는 또 하나의 유대인인 저 같은 사람은 해당되지 않습니다. 저 같은 사람은

---

* Alfred Dreyfus(1859~1935). 1894년에 반유대주의 선동자들에 의해 반역죄 누명을 쓴 프랑스의 유대인 육군 대위.

유대인에게 가해진 불의를 자신이 당한 것인 양 동일시합니다. 그런 사람이 자신의 사건에 판사가 될 수는 없으니, 공정한 외부인의 판결을 기다려야 하는 것입니다.

이유는 이제 모두 말씀드렸습니다.

다만 한 가지 덧붙이고 싶은 것은, 고도의 정의감은 프랑스 전통에서 가장 귀한 미덕이며 그것을 저는 언제나 존경하고 찬미해 왔다는 사실입니다.

제 4 장

유대인

유대주의를 일반적인 의미의 종교로 부를 있는지 의심스럽다.

유대인에게 요구하는 것이 '신앙'이 아니라

초개인적 감각으로 생명을 신성시하는 것이기 때문에

더욱 그렇다.

유대인의 이상

지식 그 자체를 위한 지식의 추구, 정의를 향한 거의 광적인 사랑, 개인의 독립에 대한 열망 – 이것이 유대의 전통이다. 그런 전통을 가진 유대인으로 태어나게 해준 나의 운명에 감사한다.

오늘날 합리성과 개인의 자유라는 이상에는 노여워하면서 생기 없는 국가 노예 제도를 폭력으로 구축하려는 사람들에게 우리는 화해할 수 없는 적일 것이다. 역사는 우리에게 힘든 숙제를 안겨주었다. 그러나 우리가 진리·정의·자유를 섬기는 헌신적인 충복으로 남아 있는 한, 우리는 살아 있는 자들 중에서 가장 오래 살아남을 것이며, 지금까지 그래 왔듯 창의적인 작업을 통해 인류를 고귀하게 할 것이다.

유대인의 관점이란 것이 존재하는가?

철학적 의미에서 딱히 유대인의 관점이라고 할 만한 점은 없다고 생각한다. 내가 보기에 유대주의는 삶을 살아가는, 그리고 생명을 대하는 도덕적 태도에만 오롯이 관심을 두고 있다.

나는 이 도덕적 태도가 유대인에게서 구현된 생명 사상의 본질이라고 본다. 토라에 새겨진 율법이나 탈무드의 해석보다 훨씬 본질에 가까운 것이다. 나에게 토라와 탈무드는 초기에 유대인의 생명 사상이 어떻게 자리잡았는지를 보여주는 가장 중요한 증거일 뿐이다.

생명 사상의 본질은 모든 피조물의 생명을 긍정하는 태도에 있다. 개인의 생명은, 모든 살아 있는 것들의 생명을 더 고귀하고 아름답게 하는 데 도움이 될 때에만 의미가 있다.

생명은 신성하다. 다시 말해, 모든 가치에 앞서는 최고의 가치인 것이다.

초개인적 생명을 신성시하면 영적인 모든 것에 대한 경외심이 생긴다. 이는 유대 전통의 성격을 결정짓는 특징이다

유대주의는 종교 교리가 아니다. 유대교에서 신이란 단지 미신을 부정하는 의미일 뿐이며, 신은 미신을 제거한 자리에 들어선 상상의 결과물인 것이다. 이는 도덕률의 근거를 공포에 두려는 시도이기도 한데, 유감스럽고 부끄러운 일이다.

그래도 유대민족의 강력한 도덕 전통 덕분에 공포를 털어내고 상당히 자유로워질 수 있었다고 생각한다. '신을 섬김'은 '생명을 섬김'과 같은 뜻이었다. 가장 훌륭한 유대인들, 특히 선지자와 예수는 생명을 섬기기 위해 끊임없이 투쟁했다.

그러므로 유대주의를 '초월적 종교'라고 불러선 안 된다. 유대주의는 우리가 살아가면서 어렴풋이 그 의미를 파악할 수 있는 생명에 관한 것일 뿐 다른 무엇도 아니다. 그래서 유대주의를 일반적인 의미의 종교로 부를 수 있는지 의심스럽다. 유대인에게 요구하는 것이 '신앙'이 아니라 '초개인적 감각으로 생명을 신성시하는 것'이기 때문에 더욱 그렇다.

유대의 전통에는 다른 무언가가 있다. 시편 여러 곳에서 그 눈부신 표현으로 전하려는 무언가 – 말하자면, 그저 희미하게

의식할 뿐이지만 세상의 아름다움과 장엄함에 홀린 듯한 기쁨과 경탄 같은 것. 이런 감정은 진정한 과학 연구를 가능케 하는 정신적 자양분이며, 새들의 노랫소리에도 담겨 있다. 이것을 신이라는 개념과 연결하는 것은 유치하고 어리석은 짓이다.

내가 설명한 감정이 유대주의의 뚜렷한 특징인가? 다른 곳에서 다른 이름으로 찾을 수 있는 것은 아닌가? 순수한 형태로는 어디에도 없다. 문자를 지나치게 숭배한 나머지 순수한 가르침이 흐릿해져 버렸기에 유대교에서조차 순수한 형태로는 찾을 수 없다. 그나마 그 감정이 가장 순수하고 건강하게 발현된 것이 유대주의라는 생각은 든다. 특히, 생명을 신성하게 여긴다는 근본 원칙에서 그렇다.

안식일을 성스럽게 지키라는 계율에 특별히 동물을 포함시키고 있는 점은 독특하다. 여기에는 생명을 가진 모든 것들의 연대를 요구하는 느낌이 매우 강하게 들어 있다. 전 인류의 연대를 역설할 때는 그 표현이 훨씬 강력해진다. 그러니 사회주의 주장을 처음 제기한 이들이 주로 유대인이라는 사실이 우연만은 아닌 것이다.

생명을 신성시하는 감각이 유대인에게 얼마나 강한지 월터

라데나우가 일전에 내게 건넨 짧은 말 속에 놀랍도록 잘 묘사되어 있다.

"어떤 유대인이 재미삼아 사냥을 간다고 말한다면, 그건 거짓말이다."

유대인의 생명 존중 사상을 이보다 더 간결하게 표현할 수는 없을 것이다.

유대인 청년

청년들이 유대인의 현안과 어려움에 관심을 갖도록 유도하는 것은 중요한 일이다. 질문지를 보니, 당신이 이 과제에 열중하는 듯싶어 감사한 마음이다.

이 일은 스스로의 안녕을 위해 뭉치고 서로 도와야 하는 운명인 유대인을 위해 물론 중요하다. 그러나 오늘날 편협한 민족주의로 인해 도처에서 위기에 빠진 사해동포 정신을 함양하기 위해서는 더더욱 중요하다. 여기, 예언서의 시대 이래로 가장 광활한 활동 무대가 우리 앞에, 흩어져 살지만 공통의 전통 하나로 뭉친 우리 민족 앞에, 펼쳐져 있다.

- 질문지에 대한 답변

팔레스타인 재건에 관한 연설*

I

우리 유대인에게 팔레스타인은, 단지 자선을 베푼다거나 식민통치를 한다거나 하는 계획의 문제가 아니라, 핵심적인 가치에 관한 문제입니다. 팔레스타인은 동유럽 유대인의 피난처가 아니라, 전체 유대 민족 안에서 다시 깨어나고 있는 공동체 의식의 구현체입니다.

"지금이 이런 공동체 의식을 다시 깨우고 강화시킬 적기인가?"라는 질문에 대해, 비록 자격은 없지만 저는 "그렇다"라는 대답을 돌려주고 싶습니다. 제 진심이 그렇고, 합리적 근거도 있습니다.

---

*아인슈타인은 1차대전 후 독일에 확산되는 반유대주의에 자극을 받아 1920년부터 열렬한 시온주의 지지자가 되었다. 연설문 중 Ⅰ은 1921년 첫 번째 미국 방문하기 몇 년 전 독일에서, Ⅱ~Ⅳ는 1931~1932년 아인슈타인의 세 번째 미국 방문에서, Ⅴ는 1933년 프린스턴에 정착하기 전 각각 행한 연설이다.

지난 100년에 걸친 독일 유대인의 역사를 잠깐 훑어봅시다.

100년 전 우리의 선조들은 거의 예외 없이 게토에 모여 살았습니다. 그들의 삶은 비참했습니다. 아무런 정치적 권리도 누리지 못하고 종교 전통, 생활 습관, 법규 등의 장벽으로 비유대인과 분리되어 있었습니다. 그들의 지식 발전은 오로지 유대문학에 의지하고 있었고, 르네상스에서 시작된 유럽 지성의 거대한 진보에 거의 영향을 받지 못했습니다.

그럼에도, 이렇게 초라하고 이름없는 이들에게 지금의 우리보다 위대한 장점이 한 가지 있었습니다. 각자 자기 존재를 온전히 공동체에 귀속시키고, 그 속에 완전히 흡수되었다는 점입니다. 각자가 스스로 완전한 권리를 부여받은 구성원이라고 느꼈으며, 공동체는 각 구성원이 도리에 어긋난다고 생각할 만한 어떤 요구도 하지 않았습니다.

그 시절의 우리 선조는 지식이나 외모로는 꽤 초라한 사람들이었습니다. 그러나 그들의 사회는 부러울 정도로 영적 균형을 이루고 있었습니다.

그리고는 해방의 날이 오고, 갑자기 꿈도 꾸지 못했던 가능성이 개인들 앞에 열렸습니다. 몇몇 소수의 사람들은 재빨리 상업과 사교생활이라는 상위 영역에 자리를 잡았습니다.

그들은 서구의 예술과 과학이 성취한 눈부신 업적을 탐욕스럽게 집어삼켰습니다. 불변의 가치를 지닌 돈을 이용해 기부금 형태로 진행된 이 일에 그들은 뜨거운 열의를 가지고 임했습니다. 동시에 그들은 비유대인 생활의 겉모습을 흉내 내면서 점점 더 자신의 종교와 사회의 전통에서 멀어졌습니다. 그리고 그들은 비유대인의 관습, 태도, 사고 습관을 자기 것으로 받아들였습니다.

그들은 수적으로 우세하고 한층 조직적인 문화를 가진 민족들 사이에서 자기 정체성을 완전히 잃어버린 것처럼 보였습니다. 그래서 몇 세대가 지나고 나면, 그들의 정체성은 흔적도 남지 않을 듯했습니다. 유대인의 민족성이 중부와 서부 유럽에서 완전히 사라질 것이 불을 보듯 뻔했습니다.

그러나 상황은 다르게 전개되었습니다. 종족이 달라도 민족성에는 융합을 막는 본능이 있는 모양입니다. 유대인이 언어와 태도, 그리고 종교 형식에서조차 상당 부분 함께 사는 유럽인에게 맞추어 가려고 아무리 노력해도, 손님인 유대인과 주인 사이의 이질감은 결코 사라지지 않았습니다. 이 무의식적인 감정이 반유대주의를 야기하는 근본 원인입니다.

무의식적인 감정이므로 이것은 의도가 아무리 좋아도 선전 활동으로 없앨 수 있는 것이 아닙니다. 여러 민족은 제각기 자기만의 길을 따라가고자 할 뿐, 섞이는 걸 원치 않습니다. 만족할 만한 상황을 이끌어 내려면 서로 관용하고 존중하는 수밖에 없습니다.

그래서 유대인이 맨 먼저 해야 할 일은, 한 민족으로서 우리 존재를 다시 한 번 인식하고, 건강한 삶을 위해 자존감을 회복하는 것입니다. 우리는 우리의 선조와 역사를 자랑스럽게 여기는 법을 다시 배워야 하며, 공동체 정신 강화를 목적으로 계획된 문화적 과업에 민족의 이름으로 투신해야 합니다.

인류의 문화 발전에 개인으로서의 역할만으로는 충분하지 않습니다. 하나의 민족 차원에서 수행할 수 있는 과제에 도전해야 합니다. 그렇게 해야만 유대 사회의 건강성을 회복할 수 있습니다.

이런 관점에서 시온주의* 운동을 봐주시기 바랍니다.

---

*고대 유대인들이 고국 팔레스타인에 유대 민족국가를 건설하는 것을 목표로 한 유대 민족주의 운동.

오늘날 역사는 우리 고국의 경제적·문화적 재건에 활발하게 참여하라는 과제를 우리에게 주었습니다. 뛰어난 재능으로 무장한 헌신적인 사람들이 길을 닦아 놓았습니다. 그리고 수많은 우리 인재들이 기꺼이 열과 성을 다할 것입니다. 그들 모두가 이 과업의 중요성을 충분히 이해하고, 능력껏 기여하여 성공에 이르기를!

Ⅱ

10년 전, 제가 시온주의를 위해 기쁜 마음으로 처음 연설을 하던 그때, 우리의 거의 모든 희망은 전과 마찬가지로 미래에 고정되어 있었습니다. 오늘 우리는 지난 10년을 기쁘게 돌아볼 수 있습니다. 그 10년 동안 팔레스타인에서 일치단결한 유대인의 에너지로 건설 사업 하나를 멋지게 성공했기 때문입니다. 이는 분명 그 당시 우리가 감히 품었던 기대를 넘어서는 일입니다.

지난 수년간 일련의 사건을 겪으면서도 우리는 그 혹독한 시험을 잘 견뎌 냈습니다. 고귀한 목적이 있었기에 노력을 계속할 수 있었고, 이제 그 노력은 느리지만 확실하게 성공을 향해 가고 있습니다. 영국 정부가 발표한 최근의 선언을 보면, 우리의 상황에 대해 좀 더 공정하게 판단하려는 의지가 되살아나고 있음을 읽을 수 있습니다. 고맙게 생각합니다.

그러나 위기를 겪으며 우리가 배운 바를 잊어서는 안 됩니다.

유대인과 아랍인 사이에 만족스런 관계를 이끌어 내는 것은 영국이 아니라 우리가 해야 할 일이라는 사실입니다. 우리는, 다시 말해 아랍인을 포함한 우리는, 서로에게 이익이 되는 협력 관계를 만들기 위해 주요 원칙에 합의해야 합니다. 그래야 양국의 요구를 모두 충족시킬 수 있습니다.

이 문제에 대한 적절한, 그래서 양국 모두에게 의미 있는 해법을 찾는 일은 건설 사업 자체를 장려하는 것만큼이나 중요하고 가치 있는 목표입니다. 스위스가 현재 다른 어떤 국가보다 높은 수준의 정치 발전을 보여주고 있다는 사실을 기억하십시오. 여러 민족이 하나의 안정된 공동체를 만들기 위해, 우선 해결해야 할 커다란 정치적 문제를 안고 있었던 나라가 바로 스위스이기 때문입니다.

아직도 할 일이 많이 남아 있지만, 최소한 헤르츨*이 꿈꿨던 목표 중 하나는 이제 실현되었습니다. 팔레스타인에서의 건설 사업은 유대인에게 놀라울 정도로 연대감과 낙관주의를 심어 주었습니다. 이는 유기적 조직체가 건강한 삶을 꾸려 가는 데 꼭 필요한 요소들입니다.

공동의 목표를 위해 우리가 하는 일은 모두가 팔레스타인에 있는 우리 형제들을 위한 것일 뿐만 아니라, 전체 유대인의 행복과 명예를 위한 것이기도 합니다.

III

오늘 우리는 아주 오래된 공동체와 그의 운명, 그리고 문제점을 상기하기 위해 여기 모였습니다. 그 공동체는 도덕 전통을 공유했으며, 힘든 시기에도 언제나 강인함과 활기를 보여

---

* Theodor Herzl(1860~1904). 유대계 오스트리아인 작가이다. 드레퓌스 사건 이후 시오니즘 운동의 보급에 전념한다. 1896년 유대인 독립국가 건설의 염원을 담은 『유대인 국가』를 저술하고, 1897년 스위스 바젤에서 제1회 시오니스트 대회를 주최했다.

주었습니다. 예나 지금이나 그 공동체는 서구의 양심을 구현한 인물을 배출했습니다. 그들은 인간의 존엄과 정의의 수호자들이었습니다.

우리가 관심을 기울이는 한, 그 공동체는 독립적인 조직 하나 없이도 사라지지 않고 인류의 이익에 이바지할 것입니다. 1, 20년 전에 선견지명이 있는 일단의 사람들이, 시련 속에서도 연대감을 유지하기 위해서는 정신적 중심지가 필요하다는 결론을 내렸습니다. 그중 두드러진 한 사람이 바로 우리의 기억 속에 영원히 살아 있는 헤르츨입니다. 그렇게 시온주의와 팔레스타인 정착 사업은 착상되었고, 이제 성공적으로 실현되는 현장을 우리가 목도하고 있는 것입니다. 최소한 매우 기대되는 출발입니다.

이 사업이 유대 민족의 복원에 기여하는 과정을 지켜보면서 저는 너무나 기쁘고 만족스러웠습니다. 어디서나 유대인은 소수로 존재하기에, 외부의 위험뿐만 아니라 내면의 심리적 위험에도 노출되어 있습니다.

지난 수년간 건설 사업이 맞닥뜨려야 했던 위기가 아직 완전히 극복되지 못한 채 우리를 무겁게 짓누르고 있습니다. 그러나 가장 최근에 나온 보도를 보면 세계가, 특히 영국 정부가, 시온주의 이상을 위해 기울이는 우리의 노력 뒤에 숭고한 이유가 있음을 인식하는 분위기입니다. 이 순간 우리의 지도자 바이츠만*을 감사한 마음으로 기억합시다. 그의 열정과 용의주도함 덕분에 우리의 이상이 실현되고 있습니다.

시련 끝에 좋은 일도 생겼습니다. 공동 운명체인 전 세계 유대인을 하나로 묶어주는 결속력이 얼마나 강한지 다시 한 번 확인한 것입니다. 또한 위기가 팔레스타인 문제에 대한 우리의 생각을 정화시켜준 덕분에 싸구려 민족주의를 깨끗이 씻어낼 수 있었습니다.

정치적 집단을 추구하는 것이 아니라고 우리는 분명히 선언했습니다. 오히려 우리의 목적은, 오랜 유대 전통에 부합하는, 가장 넓은 의미의 문화 집단을 만드는 것입니다. 아랍인 형제를 관대하고 바람직한 열린 태도로 대하면서, 그들과 더불어

---

* Chaim Weizmann(1874~1952). 이스라엘의 정치가, 과학자. 1901년 제네바대학 화학 교수로 있다가 1904년 맨체스터 대학으로 옮겨 시온 운동에 참가했다. 영국 정부를 설득하여 1917년 발포어 선언을 이끌어 내고, 세계 시오니스트회의 의장을 역임하였다. 1948년 5월, 이스라엘 공화국 성립과 더불어 대통령에 취임했다. 아인슈타인과 미국을 방문해 이스라엘 건국을 위한 모금 운동을 전개하기도 했다.

살아가는 것은 이후 우리가 풀어야 할 숙제입니다. 수천 년에 걸친 순교의 역사에서 우리가 무엇을 배웠는지 보여줄 기회가 왔습니다. 우리가 옳은 선택을 한다면 성공은 우리의 것이며, 세계에는 좋은 본보기가 될 것입니다.

팔레스타인을 위해 우리가 무엇을 하든, 그것은 전체 유대인의 명예와 행복을 위한 것입니다.

IV

유대인의 공동 목표에 충실한 이 나라의 젊은이들에게 몇 마디 할 기회가 생겨 기쁩니다. 팔레스타인에서 우리가 겪고 있는 어려움 때문에 용기를 잃지는 마십시오. 그런 어려움은 우리 공동체의 생존 의지를 시험하는 데 도움이 되지요.

영국 행정부의 특정 조치와 선언은 비판받아 마땅합니다. 그러나 우리는 비판에 그치지 말고 경험을 통해 배워야 합니다.

우리는 아랍인과의 관계에 엄청난 집중력을 발휘해야 합니다. 우리가 이들과 좋은 관계를 만들어 나간다면, 장차 위험한 수준까지 긴장이 증폭된 나머지 적대 행위를 유발하려는 사람들에게 빌미를 주게 되는, 그런 상황을 막을 수 있습니다.

충분히 달성할 수 있는 목표입니다.

우리는 이제까지처럼 앞으로도 아랍인들과 진정한 이익을 나눌 수 있는 방식으로 건설 사업을 진행할 것입니다. 우리가 좋은 관계로 있어야, 중재자로 위임 통치국이 필요했던 과거의 불행을 반복하지 않을 수 있습니다. 그것이 신의 섭리뿐 아니라 우리의 전통에도 부합하는 방식입니다. 이 사실만으로도 유대공동체는 의미를 획득하고 안정을 얻게 됩니다.

신의 섭리와 전통을 따르는 공동체는 정치 공동체가 아니며, 될 수도 없습니다. 이것만이 우리 공동체가 새롭게 힘을 얻는 불변의 원천이며, 우리 공동체의 존재를 정당화하는 근거입니다.

V

지난 2천 년 동안 유대인의 공동 자산은 오로지 과거뿐이었습니다. 넓은 세상에 흩어져 사는 우리 민족은 신중하게 지켜 낸 전통 말고는 아무것도 공동으로 소유하지 못했습니다. 개인으로서 훌륭한 일을 해낸 것은 의심의 여지가 없지만, 유대인 전체로서는 훌륭한 집단적 성취를 일구어 낼 만한 힘이 남아 있지 않은 듯 보였습니다.

이제는 바뀌었습니다.

역사는 우리에게, 팔레스타인 건설 사업에 적극 협력하라는 위대하고 고귀한 임무를 주었습니다. 뛰어난 우리 동포들이 이미 이 목표의 실현을 위해 전력을 다하고 있습니다. 문명의 중심을 건설할 기회가 우리에게 주어졌고, 모든 유대인은 이를 자신의 일이라 여길 것입니다.

우리는 민족 문화의 고향을 팔레스타인에 건설하겠다는 희망을 품어 왔습니다. 희망이 실현되면, 근동 지역이 새로운 경제적·영적 삶에 눈뜨는 계기가 될 것입니다.

시온주의 지도자들이 염두에 두고 있는 목표는, 정치적인 것이 아니라 사회와 문화에 관한 것입니다. 팔레스타인 공동체는 성서에 쓰인 대로, 우리 선조의 사회적 이상에 가까운 모습이어야 합니다. 동시에 전 세계 유대인을 위한 영혼의 중심지로서 현대적 연구 활동의 보금자리가 되어야 합니다. 생각이 여기에 이르면, 예루살렘에 유대인 대학을 설립하는 것은 시온주의 조직에게 가장 중요한 목적이 되는 것입니다.

지난 몇 달 동안 저는 대학 설립의 재정 기반을 다지기 위해 모금활동을 하면서 미국에 머물렀습니다. 이 활동이 성공한 것은 지극히 당연한 일이었습니다.

미국에 있는 유대인 의사들이 보여준 지칠 줄 모르는 활력과 놀라운 희생정신 덕분에, 의학부 창설에 필요한 자금을 충분히 모을 수 있었습니다. 당장 준비 작업을 시작할 것입니다. 이 일이 성공을 거두고 보니, 다른 학부를 위한 재정 기반도 곧 마련될 거라는 믿음이 생겼습니다.

의학부는 우선 연구소로 개발되어 나라를 건강하게 하는 데 집중할 것입니다. 이 점이 가장 중요합니다. 대규모 강의는 그 이후에나 중점을 두게 될 것입니다. 매우 능력 있는 과학자들이 기꺼이 대학 임용에 응하겠다는 의사를 이미 밝혔기 때문에, 의학부의 설립은 확실해 보입니다.

국가 개발을 위한 일반 기금과는 완전히 별도로, 대학을 위한 특별 기금을 모집하기 시작했다는 사실도 덧붙입니다.

요 몇 달 미국에 있는 동안, 국가 건설 사업에 상당한 금액이 모였습니다. 바이츠만 교수와 시온주의 지도자 여러분이 포기하지 않고 노력한 덕분에, 중산층으로부터 자기희생의 정신을 이끌어 낼 수 있었습니다.

독일 내의 유대인들은 현재 경제난에 시달리고 있습니다. 그럼에도 불구하고, 가능한 한 모든 방법을 동원해 팔레스타인 유대 조국의 건설에 기여하라고 그들에게 열렬히 호소하면서 연설을 마무리하고자 합니다.

이것은 자선의 문제가 아니라 모든 유대인의 운명이 걸린 사업입니다. 사업이 성공하면 모두에게 최선의 만족감을 안겨 줄 것입니다.

유대인 공동체

신사 숙녀 여러분,

조용한 명상의 삶에 끌리는 저의 타고난 성향을 극복하기가 쉬운 일은 아닙니다. 그러나 ORT와 OZE*의 호소에 귀를 막고 있을 수는 없군요. 그에 응답하는 것이, 바꾸어 말하면, 심히 억압당한 우리 유대 민족의 호소에 응답하는 것이기 때문입니다.

흩어져 있는 우리 유대공동체의 지위가 정치 세계의 도덕성을 재는 바로미터입니다. 국가의 정치적 도덕성과 정의에 대한 배려를 보여주는 지표로, 무방비의 소수 민족을 대하는 태도보다 더 확실한 것이 있겠습니까? 소수 민족의 기이한 특성은 오래된 문화 전통을 보존한 결과일 뿐입니다.

현재는 이 바로미터의 수치가 낮습니다. 고통스럽지만, 우리

---

* 유대인 자선단체(영역본 주석)

가 받는 대우를 보면서 느끼는 그대로입니다. 그러나 바로 이 낮은 수치 때문에 저는, 우리 공동체를 보존하고 통합시키는 것이 우리의 의무라는 신념을 새삼 다지게 됩니다.

정의와 이성을 사랑하는 마음은 유대인의 전통에 단단히 새겨져 있습니다. 현재에도, 그리고 미래에도, 모든 민족의 행복을 위해 변하지 말아야 할 마음입니다. 이러한 전통이 근대에 이르러 스피노자와 칼 마르크스를 탄생시킨 것입니다.

정신을 지키고 싶은 사람은 정신이 살고 있는 육체도 돌봐야 합니다. OZE는 우리 민족의 육신을 보살피고 있습니다. 경기 침체를 유난히 심각하게 겪고 있는 동유럽에서, 그곳 유대인들의 목숨을 지키기 위해 밤낮으로 애쓰고 있습니다.

반면, ORT는 중세 이래로 유대인을 괴롭혀 온 사회·경제적 장애를 제거하려 애쓰고 있습니다. 그 당시 우리는 직접 생산을 담당하는 직업군에서 배제되어 있었기 때문에, 상업과 관련된 직업을 가질 수밖에 없었습니다.

동유럽 지역의 유대인을 진정으로 돕는 유일한 방법은, 새로운 분야에 진입할 수 있는 기회를 주는 것입니다. 전 세계 유대인이 하나같이 그 기회를 얻기 위해 투쟁을 거듭하고 있습니다. 이 중요한 사안을 ORT가 잘 다루고 있습니다.

영국에 사는 유대인 동포에게 호소합니다.

위대한 인간이 시작한 위대한 사업을 도울 수 있도록 우리에게 힘을 모아주십시오.

지난 몇 년간, 아니 지난 며칠간, 우리는 실망감에 빠졌습니다. 여러분도 어느 정도 느꼈으리라 믿습니다.

운명을 비웃을 게 아니라, 이번 사태에서 유대 국가라는 대의에 충실할 근거를 찾으십시오. 대의에 충실하는 것이 우리가 인류 보편의 목적에 간접적이나마 기여하는 길입니다. 인류 보편의 목적이 곧 우리의 지상 목표라는 인식을 언제나 가지고 있어야 합니다.

난관을 극복하는 과정에서 사회는 건강해지고 강해집니다. 우리가 근심 걱정 없이 안락한 생활만 누렸다면, 하나의 공동체로 수천 년을 살아남을 수 없었을 것입니다. 이는 제가 확신하는 바입니다.

그러나 우리에겐 실망보다 큰 위로가 있습니다. 우리의 아군이 다수는 아니라 할지라도, 고귀한 정신과 굳센 정의감으로 무장한 사람들이 우리 편에 서 있다는 사실입니다. 그들은 인

간 사회를 고양시키고 개인을 모멸적인 억압에서 해방시키는
데 일생을 헌신한 사람들입니다.

정의로운 비유대계 인사들이 오늘 우리와 함께하게 되어 기
쁘고 다행스럽습니다. 덕분에 잊지 못할 오늘 밤이 엄숙함을
더하게 되었습니다. 매력적인 인생관을 가진 버나드 쇼와 H.
G. 웰스, 두 분을 눈앞에서 뵙게 되어 기쁘기 그지없습니다.

쇼 선생님, 다른 사람들을 순교자로 만든 길을 당신이 따라
가는데도, 세계인은 당신에게 애정과 존경을 보내며 행복해
합니다. 당신은 단순히 도덕적 설교를 행한 것이 아니라, 다수
가 신성시하는 것들을 사실상 조롱했습니다. 당신은 예술가로
태어난 사람만이 할 수 있는 일을 했습니다.

자신의 마술 상자에서 작은 형상을 수없이 꺼내 놓았지요.
그 형상은 사람을 닮긴 했으나, 살과 피로 채워진 것이 아니라
두뇌와 위트와 매력으로 꽉 찬 인물들입니다. 그럼에도 어느
면에서는 우리 자신보다 더 인간적이지요. 그래서 그 인물들
이 자연이 아니라 버나드 쇼의 피조물이라는 걸 거의 잊어버
리게 됩니다.

당신은 이 작고 매력적인 인물들을 축소판의 세상에서 춤추

게 만듭니다. 신이 보초를 서는 그 세상에 비통함은 발을 들일 수 없습니다. 당신의 작은 세상을 들여다본 사람은 현실 세계를 새로운 관점에서 보게 되지요. 작은 세상의 인형이 현실 세계의 사람 몸속으로 슬쩍 밀고 들어와, 그 사람을 불현듯 바꾸어버린다는 말입니다.

그렇게 우리 모두를 그대로 비추어 보여줌으로써 당신은 우리를 해방시키는 효과를 거두었습니다. 우리의 동시대인 누구도 하지 못한 일이지요. 그리고 당신은 삶이 짊어진 세속의 무게를 덜어주었습니다.

이 점에 대해 우리 모두는 충심으로 당신에게 감사드립니다. 참혹한 역병을 주었으나, 우리의 영혼을 역병에서 구할 의사와 해방자도 함께 보내주신 운명에 감사합니다. 그리고 저와 같은 이름을 쓰는 전설적인 인물*에게 잊지 못할 말씀을 해주

---

*아인슈타인과 버나드 쇼는 1921년 처음 만난 이후 평생 서로를 존경하는 사이로 지냈다. 1930년 10월 29일 런던 사보이 호텔에서 아인슈타인을 위한 만찬이 있었다. 그 자리에서 쇼는 2,500년 인류 역사의 위인으로 피타고라스, 프톨레마이오스, 케플러, 코페르니쿠스, 아리스토텔레스, 갈릴레오, 뉴턴, 마지막으로 아인슈타인을 꼽으면서 그들을 우주의 창조자로 칭했다. 그는 아인슈타인이 300년간 지속된 중력이 지배하는 뉴턴의 우주를 깨고 새로운 우주를 창조했다고 극찬했다. 이어진 연설에서 아인슈타인은 '같은 이름을 쓰는 전설적인 인물'로 자신을 빗대어 표현하며 쇼의 찬사에 감사를 표했다.

셔서 개인적으로 감사드립니다. 그 인물은 어마어마해 보여도 실제로는 서투르고, 무해한 인물이긴 합니다만 저의 삶을 무척 힘들게 했지요.

여러분 모두에게 얘기하고 싶은 것은, 우리 민족의 존재와 운명이 외부 요인보다는 우리 자신에게 달려 있다는 점입니다. 머리 위를 거센 폭풍이 휩쓸어도 수천 년을 버티며 살아남게 해준 도덕 전통을 우리가 변함없이 지켜 나가는 것, 그것에 달려 있습니다.

생명을 구하는 일일 때, 희생은 은총이 됩니다.

- 1930년 10월 29일 런던 사보이 호텔에서 행한 연설

워킹 팔레스타인

여러 시온주의 조직 중에서도 '워킹 팔레스타인'은, 사막을 맨손으로 일구어 비옥한 정착지로 바꾸고 있는 소중한 사람들에게 제일 직접적인 혜택을 주고 있습니다. 워킹 팔레스타인의 일꾼은 전체 유대인 자원자 중에서 강인하며 자신감 넘치고 이기심 없는 사람을 선별한 엘리트 집단입니다.

그들은 자신의 노동을 더 높은 대가에 파는 무지한 노동자가 아니라, 활발한 지성을 갖춘 교육 받은 자유인입니다. 버려진 땅과 벌이는 그들의 평화적인 투쟁에서 유대 민족 전체가 직·간접으로 혜택을 입고 있습니다.

할 수 있는 한 그들의 수고를 덜어주는 것은, 인간의 삶에서 가장 소중한 부분을 아껴 주는 일입니다. 최초 정착민이 불모의 땅에 기울이는 노력은, 말하자면 무거운 희생을 요구하는 어렵고도 위험한 노동이기 때문입니다.

직접 눈으로 본 사람만이 내가 하는 말이 얼마나 진실에 가까운지 판단할 수 있을 것입니다. 누구든 이들의 장비를 개선하는 데 도움을 준다면, 결정적인 시점에 꼭 필요한 일을 하는 것입니다.

더구나 아랍인들과 건강한 관계를 만들어 낼 수 있는 힘을 지닌 사람은 이 일꾼들뿐입니다. 아랍인과의 관계는 시온주의가 안고 있는 가장 중요한 정치 과제입니다. 어느 나라든 행정부란 들어서고 물러나고를 반복하는 존재일 뿐, 결국 민족의 운명은 인간관계를 통해 결정되는 것입니다.

그러므로 '워킹 팔레스타인'을 지원하는 것은 동시에 팔레스타인에서 인도적이고 가치 있는 정책이 시행되도록 고무하는 일입니다. 또한, 전 세계 정치를, 좁게는 팔레스타인 정계를 괴롭히는 편협한 민족주의 흐름에 효과적으로 저항하는 방법이기도 합니다.

유대의 재건

헝가리 유대인에게 케렌 하예소드[*]를 위한 호소문을 기고해 달라는 귀 신문사의 요청에 기꺼이 응합니다.

유대인의 민족적 양심과 명예에 최악의 적은, 지방변성 – 나는 이 단어를 '부와 편안함 때문에 생긴 비양심'이라는 뜻으로 사용한다 – 과 우리를 둘러싼 비유대계 세상에 대한 일종의 의존 상태이다. 이런 의존 상태는 유대 사회의 조직이 성글어진 결과다.

공동체에 완전히 몰입해야만 한 인간의 최선의 자질이 자라난다. 자신의 동족과 인연을 끊었으나 이민족 사이에서 결국

---

[*] Keren Hajessod. 1920년 설립한 유대인 정착기금 기구로, 팔레스타인 이주 지원 및 팔레스타인 토지 확보 등을 전담하는 사업을 위해 모금 운동을 펼쳤다. 이스라엘 독립 후 정식 국가 기관이 되어, 45개국의 유대 단체와 협력하여 다양한 사업을 벌이고 있다.

이방인으로 살아가야 하는 유대인이 도덕적 위험에 빠질 수밖에 없는 이유가 여기에 있다. 경멸을 부를 뿐인 그런 환경에서는 아무 기쁨도 없는 이기심만 생긴다.

유대인을 짓누르는 외부 세계의 압박이 지금은 특히 심하다. 그러나 이 쓰라린 고통이 우리에게는 도움이 되었다. 이전 세대는 꿈에도 생각지 못한 유대 국가의 부활이 시작된 것이다. 유대인 사이에서 이제 막 깨어난 연대감이 작동하여, 팔레스타인 이주 계획은 이미 성공을 의심할 수 없을 만큼 잘 진행되고 있다. 이주 계획은 불가능에 맞선 소수의 헌신적이고 분별 있는 지도자들이 시작한 것이다.

이 일이 세계 각처의 유대인에게 던지는 의미는 매우 크다. 팔레스타인은 모든 유대인의 문화 중심지이며, 가장 지독하게 억압받은 자들의 피난처, 우리 중 가장 뛰어난 자들의 활동 무대, 통합의 전형, 그리고 전 세계 유대인의 내적인 건강을 이루는 도구가 될 것이다.

반유대주의와 청년 학도

게토에 모여 사는 동안, 우리가 유대 민족이라는 사실은 우리를 곤궁한 상황에, 때로는 신체적 위험에까지 빠뜨렸지만, 우리에게 사회나 심리의 문제를 일으키지는 않았습니다. 게토에서 해방되면서 상황이 바뀌었습니다.

학문에 뜻을 품은 유대인에게 상황은 유독 달라졌습니다. 학교와 대학에서, 유대인 청년들은 확고한 민족 성향을 지닌 비유대 사회의 영향 아래 놓이게 됩니다. 그들은 그 사회를 존경하고 동경하며, 그 사회로부터 지식의 자양분을 얻고, 그 사회의 일원이라고 느낍니다. 그러나 사회는 유대 청년을 이방인이라 생각하기에 경멸과 적대감으로 그들을 대합니다.

실리를 좇아서라기보다는 다수 민족의 심리적 우월감이 주는 은근한 영향에 젖어든 결과로, 유대 청년은 자기 동족과 전통에 등을 돌리고 자신이 전적으로 다수 민족에 속한다고 생각합니다. 그 관계가 대등한 것이 아니라는 사실을 스스로나 주변 다수에게 감추려고 애쓰지만 헛된 일입니다. 이것이 과거와 현재의 유대인 각료들, 그 한심한 인물들이 나타나게 된 배경입니다.

대부분의 경우, 유대 청년이 지금의 모습에 이른 것은 진취적인 기상이 있어서라거나 반대로 기개가 부족해서가 아닙니다. 내가 전술했듯이, 수적으로나 영향력 면에서 우세한 환경이 행사하는 은근한 힘 때문입니다.

물론 훌륭한 유대의 자손들이 영광스러운 유럽 문명에 중대한 기여를 했다는 사실을 유대 청년도 압니다. 몇몇 예외는 있겠지만, 그 훌륭한 인물들도 모두 여느 유대 청년이나 마찬가지로 행동하지 않았나요?

여러 정신질환들처럼, 이런 경우에도 자신이 처한 상황과 그 이유를 명확히 아는 데서 치료는 시작됩니다. 우리는 자신이 이민족임을 자각하고, 그 사실에서 논리적 결론을 이끌어 내야 합니다. 우리가 정신적으로도 지적으로도 동등하다고 이성에 호소하며 타민족을 설득하려 해도 소용이 없습니다. 그들의 태도가 지성에서 비롯되는 것이 전혀 아니기 때문입니다.

오히려 우리는 스스로를 사회에서 해방시키고, 대부분의 사회적 욕구를 우리 스스로 해결해야 합니다. 우리만의 학생 단체를 만들고, 예의 바르지만 일관성 있는 신중한 태도로 비유대인을 대해야 합니다.

이민족 안에서도 우리는 우리 방식대로 살아갑시다. 원숭이처럼 싸우거나 퍼마시는 풍습은 우리 천성을 거스르는 것입니다. 문명화된 유럽인이자 훌륭한 시민이면서 동시에 자기 민족을 사랑하고 선조를 공경하는 신실한 유대인이 되는 것은 가능합니다.

이를 기억하고 그에 맞게 행동한다면 반유대주의 문제는, 그것이 사회적인 성격의 문제인 이상, 해결됩니다.

국무장관 헬파흐 박사에게 보내는 편지

친애하는 헬파흐 씨,

시온주의와 취리히 대회에 관한 선생님의 글을 읽고 저는 열렬한 시온주의 추종자로서 짧게라두 의견을 밝혀야겠다고 느꼈습니다.

유대인은 종교만이 아니라 혈연과 전통으로 묶인 공동체입니다. 유대인을 대하는 세상의 태도를 보면 충분히 알 수 있습니다. 15년 전 저는 독일에 와서 처음으로 제가 유대인이라는 사실을 깨달았습니다. 이 깨달음은 유대인보다는 비유대인들 덕분이었지요.

하나로 묶어줄 공동체라는 지지대가 없는, 특정 유형의 역사를 가진 민족이라는 점이 유대인의 비극입니다. 이 때문에 개인은 단단한 토대를 잃어버리고, 극단적으로는 도덕이 흔들리는 지경에까지 이르게 됩니다. 전 세계 유대인이 저마다 기쁘게 소속감을 느끼고 그래서 바깥세상이 보내는 증오와 모욕을 견딜 수 있게 해주는, 그런 살아 있는 사회의 일원이 되는 것만이 우리 민족을 구하는 유일한 방법임을 저는 깨달았습니다.

저는 훌륭한 유대인들이 비열하게 희화되는 것을 보았습니다. 그 사실이 저를 너무나 아프게 했습니다. 다수를 차지하는 비유대인들이 학교와 만화 잡지, 그리고 수없이 많은 폭력적인 수단을 동원해, 가장 훌륭한 나의 동족들조차 자신감을 잃게 만드는 것을 보았습니다. 이런 일이 계속되도록 방관할 수는 없다고 생각했습니다.

유대인 모두가 소중히 여길 공동 사업만이 이 민족을 다시 건강하게 해주리라는 것을 그때 깨달았습니다. 유대인의 전통적 사고방식과 상관없이, 민족의 고향, 더 정확히는 팔레스타인에 민족의 중심지를 건설하는 것이 우리가 노력을 집중해야 할 시의적절한 목표라는 사실을 헤르츨은 일찌감치 깨닫고 소리 높여 주장했습니다. 그의 위대한 업적이지요.

이 모든 것을 귀하는 '민족주의'라고 칭하는데, 그런 비난에 일리가 없지는 않습니다. 공동체와 관련된 목표는 언제든 그런 추한 이름으로 매도당할 가능성이 있지요. 그러나 그런 목표 없이 우리는 이 적대적인 세상에서 살 수도 죽을 수도 없습니다. 어떤 경우에라도, 권력이 아니라 위엄과 건강성을 추구하는 것이 바로 민족주의입니다. 만약 너그럽지 못하고 편협하며 폭력적인 사람들 속에서 살지 않아도 된다면, 저는 누구보다 먼저 민족주의를 저버리고 보편적 인류애를 선택하겠습니다.

만약 우리가 '민족'이 되려 하면 독일이라는 국가의 참된 시민은 될 수 없다는 주장은, 다수 민족의 불관용 때문에 국가의 성격을 오해한 데서 나오는 것입니다. 우리 자신이 '국민'(혹은 '민족')이든 아니든, 불관용이 지배하는 세상에서는 누구도 결코 안전할 수 없습니다.

간결하게 전달하고자 가차 없이 솔직하게 썼습니다. 그러나 귀하의 글로 미루어, 귀하는 형식이 아니라 상식을 신경 쓰는 분이라고 생각합니다.

- 헬파흐 박사가 1929년
『Vossische Zeitung』에 게재한 글에 대한 반박 편지

어느 아랍인에게 보내는 편지

선생님,

귀하의 편지를 받고 저는 무척 기뻤습니다. 편지를 보니 양국에 공히 도움되는 방식으로 어려움을 풀어 가려는 선한 의지를 가진 분이 그쪽에도 계시다는 걸 알겠습니다. 실제적이라기보다는 심리적인 어려움이니, 양국이 정직함과 선의를 가지고 임한다면 극복할 수 있을 것입니다.

현재 이렇게 곤란한 입장에 놓인 것은, 위임 통치 상황에서 유대인과 아랍인이 서로 적대국으로 대립하고 있기 때문입니다. 정세가 이렇게 흐르는 것은 양국 모두에게 온당치 않습니다. 상황을 바꾸는 방법은 양국이 동의할 수 있는 타협점을 함께 찾아내는 것뿐입니다.

현재의 어려움을 어떻게 해결하면 좋을지, 저의 의견을 이제 말씀드리겠습니다. 이것은 오로지 저의 사견이며, 누구와도 의논한 바 없다는 점을 덧붙입니다. 이 편지를 독일어로 쓰고 있는 이유는, 제가 영어로 편지 쓸 능력이 안 되기 때문이기도 하지만, 편지에 대한 책임을 전적으로 제가 지고 싶기 때문입니다. 번역을 맡길 만한 유대인 친구를 찾으실 수 있으리라 믿습니다.

고문단 회의가 구성될 예정이며, 여기에는 유대와 아랍 양측에서 각각 네 명의 대표를 파견하게 됩니다. 대표는 모든 정치 집단으로부터 자유로운 사람이어야 합니다.

각 그룹은 다음과 같이 구성합니다.

의사 1명, 의료 협회가 선출.

변호사 1명, 변호사들 중에 선출.

노동자 대표 1명, 노동조합이 선출.

성직자 1명, 성직자들 중에 선출.

이들 여덟 명은 주 1회 모임을 가지게 됩니다. 이들은 자신이 속한 직업군이나 민족의 특정 이익을 옹호하는 것이 아니라, 전체 국민의 복지를 위해 양심적으로 최선을 다할 것을 서약하게 됩니다.

그들의 토의는 비밀에 부쳐질 것이고, 토의 내용에 대해 정보를 제공하는 것은 비공식적인 자리에서조차 엄격하게 금지됩니다. 양측에서 각 3인 이상이 사안에 동의하여 의결에 이르게 되면 공표하되, 고문단 명의로 해야 합니다.

반대하는 회원이 고문단을 탈퇴하는 것은 가능하나, 그렇다고 비밀 유지의 책임에서 벗어나는 것은 아닙니다. 앞서 구체적으로 밝힌 선출 단체 중에서 고문단의 결정에 불만인 단체가 있을 때는, 그 단체의 대표를 다른 사람으로 교체할 수 있습니다.

'고문단 회의'가 명백한 권한을 가지지는 못해도 점진적인 변화를 이끌어 낼 수는 있을 것입니다. 그리고 위임 통치를 받는 국가의 공동 이익을 추구하는 연합 대표로서, 덧없는 정치에 오염되는 일은 없을 것입니다.

- 1930년 3월 15일

기독교와 유대교

유대교에서 예언서를 빼라. 예수 그리스도의 원래 가르침에서 이후에 덧붙여진 모든 것, 특히 성직자가 더한 것을 빼라. 그리하면 인류의 모든 사회악을 능히 치료할 가르침만이 우리에게 남을 것이다.

순수한 인간애라는 이 가르침이 살아서 힘을 발휘하도록, 자신만의 작은 세상에서 꿋꿋이 노력하는 것이 선의를 가진 인간의 의무다. 동시대인에게 부서지고 짓밟히는 일 없이 진심으로 노력할 수 있다면, 그와 그의 공동체는 운이 좋은 것이다.

옮긴이의 말

뇌를 보존하고 싶을 만큼 인류에게 경이로움을 준 지성이지만, 너무나 익숙하여 새삼스럽게 들여다볼 생각이 없었던 인물. 우리는 그를 괴짜박사의 모델로, 우스꽝스러운 표정의 사진으로, 하나의 브랜드처럼 일상에서 소비하고 있다. 그가 어린 시절 학업에 부진했던 일화를 들먹이며 우리는 아이들을 격려하곤 하지만, 사실 그는 고전에 심취한 성숙한 소년이었다. 과학자로서 얻은 명성을 인류의 행복을 구하는 일에 서슴없이 내주던 더없이 진지한 인간이기도 했다.

계급차별을 혐오했고 전쟁을 경멸했으며 이기적 욕망을 경계했다. 관계가 주는 구속이나 관습의 오류에 빠지지 않고 자유롭게 사고하는, 고독한 개인이 지닌 무한한 잠재력을 믿었다. 생각하고 또 생각하라 했다. 자연의 질서가 주는 신비를 느끼라 했다. 그리하여 개별 존재의 감옥을 벗어나 서로 공감하

The World as I See It

고 연대하는 평화로운 세상을 꿈꾸라 했다. 알고 보니 아인슈타인은 그런 사람이었다.

주말마다 광화문을 메우는 촛불행렬을 보고 누군가는 갠지스 강을 떠올린다. 마치 죄를 씻듯 일주일간 쌓인 오욕을 씻어내는 거대한 강물. 자정이 되기 전에 그 강물은 실개천이 되어 천만의 도시 구석구석으로 스며든다. 다시 홀로 되어 현관을 들어설 때 광장의 연대를 여전히 기억하는지, 그 기억의 물길을 따라 각자의 일상도 흐르고 있는지 궁금하다.

아인슈타인은 말한다. "오직 개인만이 사고할 수 있고, 그 결과 사회에 새로운 가치를 창출할 수 있다"고.

오로지 사고 실험만으로 새로운 우주를 열어준 천재의 열정과 확신에 찬 목소리를 들으며, 나는 좀 더 나은 인간이 되고 싶어졌다. 그의 말처럼, 이해하려고 노력하는 동안 생명은 이미 그 가치를 실현하고 있는 것이다.

강승희

나는 세상을 어떻게 보는가

초판 발행 | 2017년 4월 05일
개정 1판1쇄 | 2021년 1월 15일
개정 2판1쇄 | 2024년 2월 20일

지은이 | 알베르트 아인슈타인
옮긴이 | 상승희

펴낸곳 | 호메로스
펴낸이 | 김제구
편집디자인 | 디자인 마레
인쇄·제본 | 한영문화사

출판등록 제 2002-000447호
주소 04029 서울시 마포구 잔다리로 77 대창빌딩 402호
전화 (02)332-4037
팩스 (02)332-4031
이메일 ries0730@naver.com

ISBN 979-11-90741-38-5

호메로스는 리즈앤북의 브랜드입니다.